日本神話と古代史の真実

松重楊江 Yoko Matsushige

たま出版

はじめに

一八五三年（嘉永六年）のペリー艦隊来航の頃から、欧米の歴史学者は、南北アメリカ大陸への侵略を正当化しようとして、「コロンブスに始まる大航海時代」というノーテンキな神話を作り出し、その神話をかたくなに守ってきた。

その神話は実はガセネタだったのだが、それに気がつかないまま二十世紀を迎え、太平洋戦争の敗戦によって日本民族はダブルパンチをくらった。これが歴史の真相であろう。われわれは、今こそ本当の歴史に目覚め、民族の自尊心を取り返そう、と呼びかけるのが本書のテーマである。

二〇〇三年に刊行された『日本史のタブーに挑んだ男』（たま出版）以来、数々の著作物によって明らかにしてきたように、前一〇〇〇〇年頃の「大洪水」以後、バンチェン（シュメール）文明の拡散によって「人類五大文明」の幕が開かれた。

そして、前六〇〇〇年頃、タイ東北部コラート高原のバンチェンにスンダ大陸文明以来の前文明を引き継ぐ農耕文化が花開き、前五五〇〇年頃からバンチェン文明を持ったシュメール人がお隣の中国へ半坡《ハンパ》遺跡文化を伝え、いわゆる「黄河文明」が起こった。つづく前三八〇〇年頃には、バンチェン人およびサカ族による仰韶《ヤンシャオ》文化が、さらに前二四五〇年頃には、金属文化を伴う苗《ミヤオ》族の龍山《ロンシャン》文化が移植されている。

中国史で夏《か》の時代とされている前一七〇〇年頃、フェニキア人とカルデア人が、殷（商）、燕《えん》、中山《ちゅーざん》、奇子《きし》朝鮮などの植民国家をつくって、現代史につながる中国文明の幕を開いていった。

アルファベットの発明者はフェニキア人であるが、そのフェニキア語の〝アス（東方、Acu）〟は〝アジア〟の語源であり、〝エレブ（西方、Ereb）〟は〝ヨーロッパ〟の語源である。つまり、「大洪水」の地球危機を乗り切ったフェニキア人（海人族）は、カルデア人とともに、バビロンと古代東アジアとの間の航路を確実に支配していたのである。

こうした「黄河文明」の流れは日本へも伝えられていたが、やがてこの「人類再建文化」は、縄文人によって、西から東への潮流に乗って太平洋を越え、〝新大陸〟にも伝えられた。

この問題に関連して、森本剛は『北東北縄文ミステリー』「トランヴェール97／6」の中で、次のように述べている。

南米エクアドルのバルビディア遺跡から出土した南米最古の土器の形態や模様は、日本の縄文土器とよく似ている。その後の研究で、日本の太平洋沿岸に分布するＨＴＶ-Ｔ型と、発掘された約三千五百年前のミイラの糞石《くそいし》から、日本に多い寄生虫卵（コウチュウ）が見つかったこと、潮流と風向きによっては日本からエクアドルに到着することは可能であることなどがわかってきた。

☆　☆　☆

このことから推測すると、太平洋を漂流した縄文人がエクアドルに流れ着き、そこで縄文土器の作り方を伝えたのではないか、という仮説も成り立つ。

この寄生虫は寒さに弱く、摂氏二十二度以下では死滅するため、通常考えられているベーリング海峡を経由するルートでは不可能である。したがって、太平洋の潮流ルートが考えられ始めた。それにしても、広範囲な交易の旅を、どうやって縄文人は成し得たのか。

沿岸の地形を把握し、太陽や星の位置を読み、海流や季節風を計算して気象を予測する能力がなければ、果たして航海は続けられただろうか。それを考えると、縄文人はわれわれの想像をはるかに超える航海技術を持っていたといえる。自然現象を見極めて、それを上手に利用するノウハウは現代人以上に持っていたのかもしれない。

二〇〇七年に急逝した中原和人氏は、その史実を「筋収縮力テスト法」で検証し、次のように明らかにしている。

☆　☆　☆

ビュルム氷期の終末期、前一〇〇〇〇年頃に起こった地球規模の大洪水（ノアの方舟《はこぶね》伝説）直後に、日本列島へ渡来したオロッコ人、港川人、アエタ族のほか、前六〇〇〇年以後、シベリアのバイカル湖周辺から渡来したツングース（アイヌ人）は、すべてドラヴィダ人（ネグロイド系）の血を引いていた。そのため、これらすべての縄文人は成人T細胞白血病ウイルス（ATLV-I）を持っており、同時に彼ら（オロッコ人や港川人）は、渡来当初から天体観測をして遠洋航海を続けたほどの海人族でもあった。

前五〇〇〇年、日本最古の縄文遺跡である青森市の三内丸山《さんだいまるやま》遺跡が起こった頃、オロッコ人の交易者たちは、富山湾糸魚川《いといがわ》の港から陸奥湾の三内丸山《さんだいまるやま》港まで、対馬海流に乗って十日ほどで到着していた。そして帰路は、潮流に逆らって航海するため、一カ月ほど要したという。この航海に使われたのは約九メートルの丸木舟で、それを横に二隻つないで麻布《あざぶ》の帆を張り、頑丈な舵《かじ》をつけて運行していた。

ちなみに、舟（船）に帆を張って航海する方法は、エブス人（プロト・フェニキア人）から教えられたのであろうが、帆を麻布《あざぶ》とした工夫は縄文人の発明であって、それはエジプト文明にも先駆ける高度な技術であった。

また、現在、インド洋、スリランカ、マダガスカルおよびメラネシアなどに多く見られる、舟の両側に浮き木をつけた「アウトリガー」にすると、港に着岸するとき不便なため、縄文人はカヌーを二隻つないで荒波を防ぐ工夫をしていたのである。

前四〇〇〇年～二六〇〇年の約千四百年間に、縄文人（オロッコ人・港川人・ツングースの一部）は、バンチェン王国伝来の人類文明であるシュメール文明拡散のため、太平洋を越えて南北アメリカ大陸の各地や南太平洋まで航海している。

その主なものを列記すると、次のようになる。

・熊野灘勝浦《かつうら》より船出してエクアドル（南米）まで航海し、植民した。
・伊豆半島下田《しもだ》より船出してペルー（南米）まで航海し、植民した。
・鹿島灘銚子《ちょうし》より船出してメキシコ（中南米）まで航海し、植民した。
・陸奥湾三内丸山《さんだいまるやま》より船出してメキシコ・北米まで航海し、植民した。

・薩摩半島加古島《かこのしま》より船出して南太平洋バヌアツ（現在のニュー・ヘブリディス諸島）まで航海し、植民した。
・有明海鳥栖《とす》より船出して南太平洋バヌアツまで航海し、植民した。

バンチェン文明が縄文人によって伝えられた遺跡や遺物の痕跡について、鹿島曻は『倭と日本建国史』（新国民社）の中で詳しく考証している。その内容は長くなるので割愛するが、彼が「インカ文明」遺跡調査のため、メキシコ市に住むユダヤ人のアセノウ教授を訪問した際、「その書庫で、膨大な量の縄文土器コレクションを見せられて大変驚き、感激した」と語っていたことだけは特筆しておこう。

これら新大陸への〝シュメール文明移植〟の歴史は、十八世紀には広く論じられていたが、産業革命以後の南北アメリカ大陸への「白人侵略史」を隠すため、学者たちはジョン・ロイド・スティーブンスの『移民否定説』に従って、ヨーロッパ人の移住という事実を一斉に否定してしまった。

明治以後、〝西洋史観〟にかぶれた日本の歴史家もそれに調子を合わせて「コロンブス以前の縄文人の大航海」の史実を、神話に祭り上げて否定し、さらに弥生文化の伝承も前五〇〇年頃としてしまった。

このように、世界中の各民族が持っている「神話」も、その由来を深く検証すれば、本当の人類史が顕れてくる。

――そう確信して、八世紀の新羅人の『記紀』によって失われた『日本旧国史』を復元してみることにした。

泉下に眠る先輩諸氏の筆には遠く及ばないが、読者大方のご共感を得れば望外の悦《よろこ》びである。

日本神話と古代史の真実

目次

第四章　白村江敗戦後の「日本国」の歴史

第一章

「天孫降臨」物語の真実

『記紀』の「天孫降臨」をひも解く

『古事記』と『日本書紀』（略して『記紀』）の神話のなかで、いわゆる「天孫降臨」に関しては、以下のように書かれている。

「葦原《あしわら》の千五百秋《ちいほあき》の瑞穂《みずほ》の地は、是《これ》吾が子孫の王《きみ》たるべき地《くに》なり。爾皇孫《いましすめみま》就《つ》きて治《し》らせ。行《ゆけ》至！　宝祚《ほうそ》の栄えんことを」

さらに、『古事記』には、

「竺紫《ちくし》・日向《ひなた》の高千穂の久士布流多気《くしふるたけ》に天降《あまくだ》りましき」

とあり、続いて『日本書紀』には、

「此地《このち》は韓国《からくに》に向かい、笠沙《かささ》の御前《みまえ》を真来《まき》通《とお》りて朝日の直《ただ》刺す国、夕日の日照る国なり。故《かれ》（ゆえに）、此地は甚吉地《いとよきところ》」

と述べられている。

この『記紀』神話にいう「吾が子孫云々」というのは、天《あま》（朝鮮）から来た天照大神《あまてるのかみ》の子孫が倭国の王として支配していくということを宣言したもので、支配者として竺紫《ちくし》・

日向《ひなた》の高千穂の久士布留多気《くしふるたけ》（櫛降嶽《くしふるだけ》）に降り立ったという話が載っているわけである。

さらに、『古事記』によると、そこに降りてきた（渡来した）神はニニギノミコト（邇芸尊／瓊瓊杵尊）ということになっている。

天《あま》から降《お》りて来る（海を渡ってくる）、その「天国《あまくに》」というのは、対馬とか壱岐とか沖ノ島とか、いわゆる朝鮮と日本の間にある島々のことである。これを「天国（あまぐに）」と言っていた。だから、そこから他の地へ行く、朝鮮にしろ日本にしろ、そこへ行くのを、そこが「天国（あまぐに）」だから、天《あま》から他へ行くのを「天降《あまくだ》る」といった。

では、「筑紫《ちくし》」というのは本当に福岡県にあるのかという問題になるのだが、調べてみると、筑紫の日向《ひなた》（峠）という地名が筑紫にはちゃんとある。「高千穂」というのは高い山々という意味で、高祖《たかす》山脈に〝くしふるだけ〟というのがある。博多の高祖山《たかすやま》の近くに高祖村というのがあるが、そこに「天孫降臨」神話の〝くしふる岳〟があって、こういう地名の場所が実際に存在しているのである。

天国《あまくに》（神の国）から降《くだ》った人々というのは、実は山東省にいたユダヤ系の儒者集団ガド族で、日本では猿田彦命と呼ばれているが、このガド族の系統が最初に日本へやって来た。

ほかにも、イエス・キリストを生んだゼブルン族、日本でいえば宗像《むなかた》神社の三人のお姫様＝宗像神社の御三神《ごさんじん》に相当する人々、さらには大物主命《おおものぬしのみこと》や女王卑弥呼などの系統であるイッサカル族、これらが三位一体となり、連合して竺紫《ちくし》（筑紫）の地に渡来している。

ここには糸島半島というのがあるが、ガド族らは最初ここに上陸した。そしてそこから南の方へ行って、やがて吉武高木《よしたけたかぎ》（鉄鐸・銅鐸などの鋳造遺跡）に王宮を造った。

この吉武高木でつくった国を、伊勢国という。この伊勢国がやがて近畿地方へ移るため、区別してこの地を「旧伊勢国」としているが、このとき、最初の伊勢国を建てたのである。『神皇紀《じんのうき》』と『水尾《みお》神社縁起書』を総合すると、伊勢の君《きみ》である猿田彦は鉄鐸・銅鐸文化の祭祀者であり、秦末（前二一三年）の「焚書坑儒」事件で多くの王族や儒者たちを殺された魯人・ガド族が、イスラエル北朝系からユダヤ南朝系に変身して、急遽、鉄鐸・銅鐸文化を携えて日本列島へ亡命したものと考えられる。

前八六年（約二千百年前）、ユダヤ系ガド族猿田彦命の下に、イッサカル族、そしてゼブルン族が結集した。対馬豊玉町の和ノ宮（高天原）から船出した一行は、弥生文化の盛んな北九州へ渡来して「旧伊勢国」を建てた。そこは筑紫の平群《へぐり》の地、吉武高木《よしたけたかぎ》や平原《ひらばる》の地であった。初代猿田彦命は王宮を吉武高木に構え、ヘレニズム文化（ギリシアとペルシ

吉武高木遺跡

平原遺跡

アの混合文化）によって鉄鐸・銅鐸などを生産する一大青銅器文化圏を建設した。

こうして、九州「博多大和の聖地」に、新しい〝青銅器文化〟の先進国が建設された。

やがて、初代猿田彦命が肺結核で病死した後は、イッサカル族出身の王妃磐長姫《いわながひめ》が女王となって王権を継ぎ、長く君臨した。その意味では、のちの三世紀、邪馬壱国《やまい》初代王となった卑弥呼は女王の魁《さきがけ》ではなく、女王としては二代目となるわけだ。

次に、初代王の猿田彦命に続く二代目の猿田彦命は、そこから少し離れた平らな原っぱ、平原《ひらばる》に王宮を移した。そうして、『記紀』に出てくるように〝前の君〟と呼ばれた。

この猿田彦命二世は、イスラエル神（バアル神）を祀る太陽神殿（天照大神《あまてるのかみ》を祭神とする日代宮《ひしろのみや》）を平原王墓（遺跡）に築き、八咫鏡《やたのかがみ》（四十六・五センチの超大型内行花文八葉鏡）ほか、神鏡・鉄剣・勾玉などの「三種神器《さんしゅのじんぎ》」を奉納した。

やがて彼らは、この最新式の青銅器文化を携えて九州一円および朝鮮の国々へ進出した。

当時、苗《ミャオ》族に指導されたオロッコ人、港川人、アエタ族、ツングース（アイヌ人）らの「弥生人（のちの倭人）」が、弥生式農業文化を携えて朝鮮半島にも進出していた。そ

平原王墓出土の超大型内行花文八葉鏡

のため、猿田彦らの天孫族は、まず弥生文化の盛んな九州一円に進出し、先住民のシュメール人・苗《ミャオ》族・港川人・アエタ族らを支配下に置いていった。そして、邑々《むらむら》（クニグニ）を通過して玄界灘の対馬に渡り、さらに竺紫《ちくし》に鉄鐸・銅鐸文化圏を築いた。

こうした「青銅器文化の拡散」伝承が、八世紀の『記紀』撰上の折に、景行《けいこう》天皇（百済辰斯《しんし》王のモデル）時代の倭《やまと》建命《たけるのみこと》九州征服譚に盗用され、そのため、後世、この地（博多）が〝筑紫《つくし》の大和《やまと》〟と呼ばれるようになったのである。

日本考古学は『記紀』神話に依拠し、史実を無視している

さて、ガド族の猿田彦命らが北九州筑紫（博多）の地に「旧伊勢国」を建てた史実については、二〇〇五年頃、故・中原和人氏の「筋収縮力テスト法」の検証によって判明し、その成果は前著『失われた大和のユダヤ王国』に述べてあるが、日本の歴史学者または考古学者は、どのように考えているのであろうか。一例によって検討してみよう。

福岡県前原《まえばる》市の平原《ひらばる》遺跡は昭和四十年（一九六五年）に発掘調査が行われ、世界最大の銅鏡をはじめとする大量の青銅鏡や装身具など、他に類を見ない重要な副葬品が発見された。このことにより、平成二年に国の重要文化財に指定され、同十八年（二〇〇六年）六月二十九日に「福岡県平原方形周溝墓出土品」の名称で国宝に指定された。

これを記念する「特別展」が、同年十月〜十一月に伊都国《いとこく》歴史博物館（前原《まえばる》市）で開催され、当時の館長西谷正《にしたにただし》氏（元・日本考古学会々長）は、記念誌『大鏡が映した世界』を発行、そのなかで〝銅鏡の概要〟を詳しく解説している。

西谷氏はその論文の中で、青銅鏡時代のルーツを中国史の春秋戦国時代（前一〇世紀～前三世紀の歴史）に求めて、「倭人と鏡」の関係を縷々《るる》説明したのち、「倭人が初めて出会った銅鏡は朝鮮半島経由でもたらされた多鈕細文鏡《たちゅうさいもんきょう》である」としている。そして、

①『前漢書』地理志によって、「倭人のクニグニのうち、『イト国』と『ナ国』からは、銅鏡を始めとする中国製の遺物を大量副葬する墓が発見されており、被葬者はそれぞれのクニを支配した王であったと考えられている」とし、

②『後漢書』東夷伝には、「建武中元二年（五七年）に奴国（ナ国）、つづいて永初元年（一〇七年）に倭国王帥升（すいしょう）が遣使したことが記されている」とし、

③イト国では、三雲南小路遺跡に続く井原鑓溝《やりみぞ》遺跡が登場する、また、隣接する唐津平野のマツロ国では有力首長墓と考えられる桜馬場遺跡が登場する、としている。

また、前漢末から新《しん》の時代（前一世紀～紀元一世紀）にかけて、鏡の分布は北部九州に集中し、佐賀平野や大分県まで広がる。加えて、数は少ないものの、本州の中部地方や関東地方にまでの散発的分布状況も見られる、と解説している。

以上のような伊都国歴史博物館の元館長・西谷正氏の「仮説」について考えてみよう。

1. 従来の中国史が、司馬遷の『史記』をタネ本にした偽史であることは明らかである。その偽史・史観によって「青銅鏡のルーツ」を解明するのは至難の業であるにもかかわらず、氏はあえてその愚行を犯している。

2. 前漢時代の地理志にいう倭人のクニグニ、「イト国」と「ナ国」が北部九州にあったとする西谷説は果たして正しいのであろうか。西谷氏が言う「ナ国」とは、あるいは「委奴《いど》国」のことなのか。秦人系大国主命の委奴《いど》国（「ナ国」でも「ド国」でもなく委奴国が正しい）が、博多および鳥栖と吉野ヶ里の地に建国されたのは、前七四年のことである。その後、一〇七年に倭王師升《ししょう》（五十四代エブス王シロス／大炊建命《おおいたけるのみこと》）が後漢（二五年〜二二〇年）に朝貢している。この時の倭王は、『契《きっ》丹北倭記《たんほくわき》』にいう「東表《とうびょう》国王師升《ししょう》」であり、帥升（すいしょう）ではない。西谷氏は、『後漢書』東夷伝の誤りを鵜呑みにして書いているが、何でもかんでも「漢人の書」をそのまま信じて書くのは勉強不足を晒すものであろう。

3. 次に、西谷氏がいう「イト国」とは三世紀の「伊都国」のことであろうが、扶余族の神武と公孫氏の卑弥呼らが筑紫に「伊都国」を建国したのは二一四年であって、

『魏志』倭人伝のいう倭人・百余国のクニグニの時代（前四世紀頃か）ではない。したがって、西谷氏が「イト国王墓と考えられる三雲南小路遺跡からは云々」と解説している部分は、ことごとく誤りとなる。氏が優れた考古学者であるだけに、本当の「日本旧国史」、すなわち『記紀』によって失われた〝邪馬壱国〟および〝秦王国〟の歴史を知らないことから起こる〝試行錯誤〟は、一日も早く改めるべきであろう。

4.

昭和四十年（一九六五年）の「平原《ひらばる》王墓」遺跡の発見、およびそれ以後の「大鏡など八十余面の破砕状況の確認」等、福岡県教委および九州大学関係者らの半世紀に及ぶ調査・研究の成果は、日本考古学会史上、否、「世界史史上」に燦然と輝くものであった。それだけに、発見された超大型鏡を含む八十余面・神獣鏡の持ち主（鋳造主）が中国からの亡命者・旧伊勢国王の猿田彦命であり、鋳造場所（吉武高木《よしたけたかぎ》遺跡）並びに作製方法が秦帝国以来のヘレニズム文化の技術であり、その祭祀目的が最初の「三種神器」であったことなどが不明のまま放置されていることは、何とも残念なことと言わねばなるまい。それらの史実が不明なため、「古墳時代には破砕鏡を祭祀する習慣があった」などとする伊都国歴史博物館の学者や橿原《かしはら》考古学研究所の学者たちの見解は、「無知無学」によるものと誹られても仕方ないであろう。

さらに、彼らの先輩・原田大六氏（『実在した神話』の著者）が「平原《ひらばる》一号墓出土の大型内行花文鏡（〝八咫鏡《やたのかがみ》〟に比定される神鏡）のルーツを『記紀』神話に求めた」ことについて、福岡県文化財保護のかつての責任者・柳田康雄氏は、自著『伊都国を掘る』（大和書房）の中で次のように述べている。

☆　☆　☆

〔平原遺跡は卑弥呼直前の〝倭女王墓〟？〕

平原王墓の被葬者としては、超大型内行花文八葉鏡＝「八咫鏡」とすると、「大柱」と太陽の門としての「鳥居」（太陽信仰）などを総合すると、実在論は別にして、神話のなかの「天照大神」に象徴されるような性格の人物像が浮かび上がり、（卑弥呼直系で）直前の三世紀初頭に埋葬された倭国最高権威にある巫女となるだろう。弥生時代晩期の伊都国最後の巫女王《みこおう》（原文のママ）の死によって、その権威はより強大な権威となって卑弥呼に継承され、西日本の弥生時代が終焉を迎えたものと考えられる。

平原王墓の考古学的評価に関して、随分と原田大六批判をしてきた。だからといって原田氏の平原王墓の保存や出土品整理に対する貢献度、学問的見識までも批判しようとするものではない。新装再版された『実在した神話』の「解説」で渡辺氏が述べるように、原田氏は「努力の人」、「論理の人」、「文章の達人」であり、尊敬している。渡辺氏以上に「神話について素養のない」私であるが、「考古学的事象は日本の原始・古代に関するかぎり、古事記や日本書紀の『神代』神話をさけて通ることはできない」という考えには同感である。今まで平原王墓を無視してきた旧来の研究者に、その片鱗さえあれば、邪馬台国問題だけでなく、古代国家形成研究で避けて通れない古墳出現期の諸問題が、ここまで時間をかけずに済んだのではなかろうか。今後は、古墳出現期の研究に対して、平原王墓を正面から評価し、その研究に取り組んでほしい。

『記紀』神話の天照大神＝倭女王なのか

柳田康雄氏は、「神話について素養のない私であるが、考古学的事象は日本の原始・古代に関するかぎり、古事記や日本書紀の『神代』神話をさけて通ることはできないという考えには同感である」と、福岡県教委を代表するような見解を述べている。

さらに柳田氏は、『記紀』神話の天照大神に象徴されるような人物像は、卑弥呼直系で直前の三世紀初頭に埋葬された倭国最高権威にある巫女となるだろうとも述べ、弥生時代晩期の伊都国最後の巫女王（これは誰か？）の死によって、その権威はより強大な権威となって卑弥呼に継承され、西日本の弥生時代が終焉を迎えたものと考えられる、と書いている。

だが、このような〝独断的な見解〟は、考古学者として許されることだろうか。

そして、彼らの言う『記紀』神話は、果たして「史実」なのだろうか。

これについて、中原和人著『封印された古代日本のユダヤ』は、次のように述べている。少し長い引用文となるが、故・中原氏の遺した偉大な成果でもあるので、ぜひ読んでいただきたい。

☆　☆　☆

イスラエル王国の盛衰

〔ヨシュア王の繁栄の後、イスラエル王国は滅亡した〕

前七二二年、北イスラエル王国を服属させたアッシリアは、前七〇一年、南ユダ王国に侵攻したのですが、このときエルサレムは奇跡的に陥落を免れました。しかし、その後約七十年間、南ユダ王国もアッシリアの属国となり、前七世紀の後半になってようやくアッシリアが衰退すると、南ユダ王国のヨシュア王は強大な軍事国家の建設に着手しました。

そして、まずは南ユダ王国のアッシリアからの独立を果たし、続いて約一世紀の間アッシリアの属州となっていた北イスラエル王国を軍事的に解放して併合し、統一王国時代のイスラエル部族の領土を回復しました。

ユダヤ人のヨシュア王は、さらに軍事組織を強化し、官僚制を整備し、申命記法（※）を制定し、地方聖所での祭儀と祭祀職を国家の宗教的組織に吸収するというように、いわゆる「申命記改革」を遂行し、アッシリアからの宗教的影響を一掃しました。

後代の歴史家によって最も敬虔なユダヤの王と称賛されたヨシュア王は、前六〇九年、北に向けてパレスチナを通過中のエジプト王ネコ（ネカウ）二世の遠征軍をメギド付近で阻止しようとして敗れ、戦死してしまいました。

前五八六年、今度はバビロニア軍がエルサレムを占領し、ユダの支配階級は捕囚されて、王国はまたしても滅亡してしまったのです。

※注：申命記――ヨシュア王治世の前六二二年、エルサレム神殿で、ある文書が発見されました。その文書は、地方聖所の廃止を記した『列王記』と、エルサレムへの祭儀の集中を記した『申命記』と一致するので、『原申命記』とされました。これは、北イスラエル王国のレビ族の人たちによって、『原申命記』が北イスラエル王国滅亡前に南ユダ王国にもたらされ、マナセの異教徒迫害の時期に神殿に隠されたもののようです。『原申命記』には、歴史はヤハウェによって導かれるので、偶像礼拝を排し、心を尽くし力を尽くして彼を愛し、彼に従わなければならないことが記されています。これが有名な「シェマ・イスラエル〈聞け、イスラエル〉」であり、そのことによって、『原申命記』は最も重要な「契約の書」であるとされます。その後、この「契約の書」にしたがって〝神の民〟を形成するための『出エジプト記』などの新しい神話が付加され、律法の遵守の動機と報いとが強調されたといわれています。

高天原から来たユダヤ人

ヨシュア王によって、まず南ユダ王国がアッシリアから独立し、次いで北イスラエル王国も独立しますが、今度はバビロン軍によって滅んでしまいます。

こうしてユダヤ人は国を失うのですが、それ以前のある時期に、ユダヤ人たちは、アッシリア帝国によって一カ所に幽閉されたことがありました。

それは、北イスラエル王国がアッシリアによって滅亡し、その住人が捕囚となって連行された後のことと思われますが、幽閉された場所は、タガーマ（地方）のハラン（イラク北部からアルメニアの辺り）でした。この「タガーマのハラン」という古代地名が、日本に渡来したユダヤ人によって伝承され、高天原からやって来たと伝えられたのです。

高天原からやって来たということの解釈としては、「天《てん》」から来たというのと、「海人」、つまり海《うみ》から来たというのが一般的です。「天」から来たという説の中には、宇宙人説なども含まれ、なかなか楽しいのですが、これは海から来たという説とともに、誤りです。

さて、『記紀』では、天界＝高天原、地上界＝葦原中国《あしはらのなかつくに》、地下界＝黄泉国《よみのくに》（もしくは根の国）というように、神話世界の構造は三層になっています。そして、『古事記』では、葦原中国に蟠踞《ばんきょ》する国津神《くにつかみ》と対立する天津神《あまつかみ》の居所が、天界＝高天原であるということになっています。つまり、日向《ひむか》の檍原《あわきはら》で誕生した日神・天照大神《あまてるのかみ》が支配者として高天原に祭り上げられたというわけです。

また、日神・天照大神《あまてるのかみ》は、乱暴者の弟神・素戔嗚尊《すさのお》とのさまざまな葛藤を経て、天の岩屋戸にこもるのですが、その天の岩屋戸があるのも、天界＝高天原です。

国津神の国譲り（出雲の国譲り神話）の後、葦原中国の統治を託す旨の神言を授かって、日神の孫・瓊瓊杵尊《ににぎのみこと》が日向に降臨するわけですが、これも高天原から降臨するということになっています。そのことによって、日の御子の裔《すえ》が代々葦原中国の統治者になるということで、権力の正当性が保証されるという構造です。

時代が進むにつれ、高天原は天界にあるのではなく、地上のどこかにあるはずだということで、さかんに高天原探しが行われ、さまざまな説が登場しますが、これも権力の正当性に根ざした議論です。

しかしながら、現実は、日本にやって来たユダヤ人たちが、かなり長い期間「タガーマのハラン」に幽閉されていたために、そのことが忘れられなくなり、日本にやって来たのちも、自分たちは「タガーマのハランからやってきた」と子孫に伝え、書物にも記すことになったというのが真相なのです。

☆　　☆　　☆

では「その神話を最初に日本に伝えたのは誰か」ということになるのだが、それを中原氏は、筆者との共著『失われた大和のユダヤ王国』の中で以下のように述べている。

明らかになった「大和」の歴史

前一世紀、奈良盆地にユダヤ人のコロニーが作られ、それはやがて紀元三世紀に秦王国（二三四年～六七二年）となった。この「秦王国」は、中国の始皇帝の秦が前二〇六年に滅びたのち、その子孫たちが海を渡って日本へやって来て築いた国である。

司馬遷の『史記』には、秦の始皇帝は中国に昔からいた王族の子孫であるかのように書かれており、歴史偽造が行われたのだが、始皇帝は実は古代ユダヤ民族・シメオン族の血を引いていた。バクトリア知事のディオドトスというのが、その正体である。

彼は碧眼《へきがん》（青い眼）で、鷲鼻（ワシ鼻）を持った男だった。秦の都であった西安付近から兵馬俑《へいばよう》が出土するが、その中からは漢民族が全く出てこない。兵馬俑の兵隊は一つ一つが見事なリアリズムで貫かれていて、一つの型から作られたというものではなく、一体一体が違うものである。日本にも何回か来ているので、見られた方もおられると思うが、これは漢民族といったものでは全くない。西方から来たペルシア人の顔や姿をしているもの

イッソスの戦い（紀元前333年）のモザイク画（上図）
戦車で逃げるのがダリウス王

ペルセポリス王宮の柱頭を飾る頭部（右図）

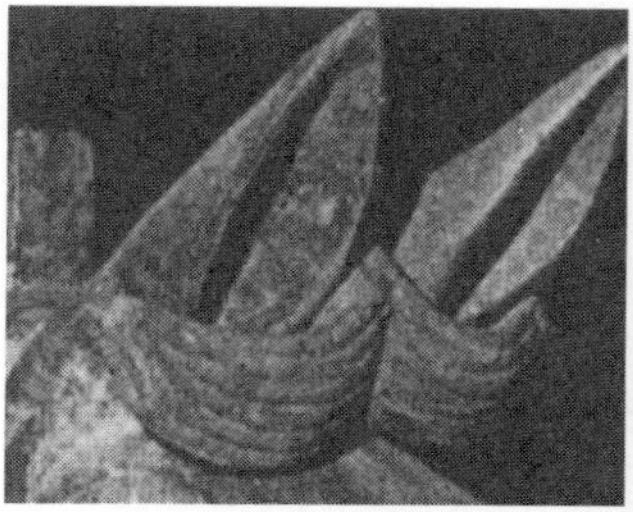

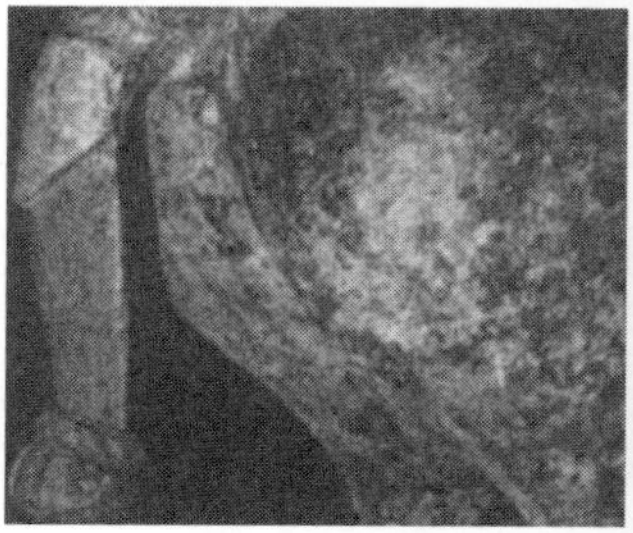

始皇帝陵の守備兵（右上図）
陶馬の頭部と尾部（左上図）
ナポリ国立博物館にポンペイ出土のモザイク画があり、前333年アレクサンドロスがダリウスとイッソスで戦う状況が描かれている。このダリウスの顔を見ると、かぶとの上をマフラーのようなもので包み、よろいには肩当てがあり、脚のつけねの部分は逆U字形にえぐられている。またペルシア軍の乗る馬には、耳としっぽのつけ根とが結ばれている。これらの珍しい特徴は、西安出土の武人俑と陶馬に全く一致しているのである。また、武人俑の顔つきは、今日残っているペルシア軍人の特徴と酷似しているから、右ページの写真と比較してほしいで、単なる中国という狭い枠組みの中での解釈は成り立たない。

その西域人の流れを汲んだ人々が日本に渡来して築いたのが秦王国であり、彼らはシメオン族という古代ユダヤの一部族であった。その族長が国史でいう秦人系の大国主命で、彼が九州に上陸して作ったのが委奴国（イド国）というクニである。

江戸時代の天明四年（一七八四年）、福岡市志賀島の農民が畑から掘り出したということで有名な金印がある。これは、当時中国を治めていた後漢（二五年～二二〇年）の光武帝から「漢の倭の奴《ナ》の国王」印として授けられたものと一般にはいわれているが、東京の博物館に展示してある実物をよく見ると、「倭」は人偏がなくて「委」になっている。だから、正しくは「漢の委奴《いど》国王」印であると思われる。

この委奴国以前に北九州の地にいたのが、ユダヤ人ガド族の猿田彦命を中心としたグループの伊勢国の人々であった。その伊勢国を攻め滅ぼして（一六三年）筑紫（博多）および肥前（鳥栖・吉野ヶ里の地）に樹立したのが委奴国である。

さらにいえば、高句麗王朝の草創期において、扶余・百済系のイワレヒコ（高句麗王子罽須《けいす》＝磐余彦）が遼東半島にいた公孫氏（古代ユダヤ系海人族のイッサカル族）と同盟・協力して、二一〇年から約四年間かけて秦人系大国主命の委奴国を滅亡させ、二一四年に筑紫（福岡県）に建てた国が、『魏志』倭人伝に出てくる伊都国なのであった。

一方、公孫氏は宮崎県西都原《さいとばる》を中心にして安羅《あら》国を建てた。公孫氏はイッサカル族系統の人々で、その族長は大物主命《おおものぬしのみこと》とか事代主命《ことしろぬしのみこと》と呼ばれているが、イッサカル族というのは、ドイツのヒトラーの母方と同じ種族で、カール・マルクスも同じ流れの人である。そして、日本にやって来たイッサカル族公孫氏から出てきたのが、卑弥呼である。

さらにさかのぼると、九州の地において最初にクニを建てたのが縄文人（港川人およびアエタ族）で、次に、三千五百年前にはシュメール人および苗《ミャオ》族が水田稲作文化を持って渡来していた。

その後、華北の殷文化圏からUターンして再来したのがエブス人（中臣氏）で、大分県宇佐市を中心に東表《とうびょう》国をうち建てた。また、それ以前から国東《くにさき》半島重藤《しげふじ》一帯で行われていた「タタラ製鉄」の担い手となっていたのがヒッタイト人（蘇我氏）である。加えて、いろいろなユダヤ人（七福人）たちがタルシシ船で渡来していた。そして、東表国（宇佐八幡宮）が建てられてからさらに年月がたって出来たのが伊勢国というわけである。

このように、九州にしろ出雲にしろ、幾度にもわたってさまざまな民族が入れ替わり立ち代わり渡来・支配しているのに、この点を明確にせず、『記紀』神話を一つのよりどころとして解釈されているのが、残念ながら今の歴史学界・考古学界の現状である。

☆　☆　☆

以上のような大和の前史、すなわち、「猿田彦命が九州へ渡来して旧伊勢国を建てた歴史」を明らかにするため、われわれ新「鹿島史学」研究グループは、日本の高天原（日本列島への前進基地）があったという対馬へ渡り、対馬一ノ宮といわれる「海神神社」のある浅茅湾内の「和多都美《わだつみ》神社」に参拝した。

このときにお話を伺った海神神社宮司さんは、驚いたことに〝アエタ族〟シャーマンの後裔であった。中原和人氏の検証によって判明した人類史によれば、アエタ族は、「約七万年前、マレー海域において原マレー人（フッリ人）の系統から生まれた、古モンゴロイドのネグリト人である」となっている。

この人々は、約一万二千年前の「大洪水」の時はセレベス島にいたが、いち早く港川人と共にエブス人（プロト・フェニキア人）の舟に乗り込み、スンダ大陸（インドネシア）から沖縄を経て九州の大隈半島桜島付近へ渡来した。

爾来《じらい》、長い縄文時代に続く弥生時代を経て、壱岐・対馬などにもコロニーを造っていたのであろう。その間、アエタ族は、港川人の従属役を務めてきたものか。そして、その王家シャーマンの人々は、「天孫降臨」物語にいう「海幸彦・山幸彦」の神話を伝える旧神社の〝守役・神人族〟となったのであろうか。この日も、いま一人の神官・和多都美《わだつみ》神社禰宜《ねぎ》・平山静喜氏が介添え役として側に付き添っておられた。

さて、この席で宮司さんに教えられたのが、「豊玉町仁位に〝和ノ宮（杜）〟という場所があり、そこがいわゆる『天孫降臨』神話の発祥の地であろう」という託宣であった。

アエタ族には、旧《ふる》い「神舞」を舞うグループがおられて、「特別の日に舞わせるからぜひ見学にお出でなさい」と丁寧なお誘いを受けたが、筆者には「神舞」のこともよく分からず、執筆に追われるまま、未だに不義理を重ねている。

猿田彦らの亡命は始皇帝の「焚書坑儒」から始まった

前二二一年、オリエントの大秦国（バクトリア）王ディオドトス一世は、中国名・秦王政を名乗り、精強なペルシア軍団を率いて中国大陸に侵攻、史上初めて中国全土の統一に成功すると、今度は自ら「始皇帝」を名乗って秦帝国を建国した。

その前の中国戦国時代、西周（アッシリア帝国）の分国・周の諸侯となっていた強国は、魏《ぎ》（都は大梁《だいりょう》）、韓《かん》（都は鄭《てい》）、趙《ちょう》（都は邯鄲《かんたん》）、燕《えん》（都は薊《けい》）、楚《そ》（都は郢《えい》・紀南城）、斉《せい》（都は臨淄《りんし》）、中山《ちゅうざん》（都は霊寿《れいじゅ》）の七雄であった。だが、侵略者である秦《しん》（都は咸陽《かんよう》・西安）のために征服され、諸侯の王族たちは降服して臣従を誓い、あるいは亡命先を求めて遠隔の地（中国東北部や雲貴高原地帯）へ逃亡していった。

だが、その時、秦王政たちも、もはやオリエントに帰る望みは絶たれていたため、せめて史書の上だけでもと、儒学者・蔵書のオリエント史を漢訳し、それを中国史として移植することにした。

こうして「秦本紀」（『史記』の種本）が出来上がると、秦王三十四年（前二一三年）、楚人李斯《りし》（？～前二〇八年／フェニキア人）の献策による焚書令（秦王政の出自を隠す目的で、従来の中国史書・経典などをすべて焼く命令）が出された。

前二一三年、始皇帝は「焚書令」に抗議する儒家を「秦の政治をそしる者」という名目で、国禁を犯した者四百六十余名を捕らえると、首都咸陽で「生埋めの刑」に処した。

これが有名な「焚書坑儒」事件であるが、このとき焚書坑儒の対象とされた孔子・孟子系の儒家（ユダヤ人）はガド族の人々であった。以来、始皇帝（秦王政）のシメオン族と、製鉄基地南陽《ナンヤン》郡宛《えん》（鉄管工・都市）の支配者であった儒家たち（ガド族）とは敵対関係に入った。その結果、ガド族はイスラエル南朝系（ソロモン王の子孫・ユダ系）に接近してシメオン族らの北朝系グループと対立し、激しく争うようになった。

これが、その後九百年間も続いた「古代ユダヤ人同士の南北朝の争い」の発端である。

前二一〇年、始皇帝が亡くなると、バクトリアの将軍エウチデムス（中国名・項羽）は、前二〇七年、本国バクトリアから秦の二世皇帝胡亥《こがい》を追撃してきて、これを洛陽で殺し、続いて翌年（前二〇六年）、三世皇帝子嬰《しえい》を廃して秦帝国を滅亡させ、自ら大秦国王となった。

前二〇二年、大秦国王エウチデムスは中国を法治国家とすることの困難さを知って、植民都市であった洛陽（その頃の首都）を放棄してバクトリア本国に引き帰すと、のちインド西部に転進した。

その後、主人がいなくなった中国を横領した劉邦（南陽《ナンヤン》の宛《えん》・鉄管工奴隷部族の小首領）が「漢」という新王朝を建てて高祖と名乗り、秦帝国の遺産をそっくりわがものとした。

こうして、史上初めて中国大陸に「漢民族」が誕生したのである。

現在、中華民族と自称している漢民族は、実は前四〜三世紀に、苗族《ミャオ》（龍山《ロンシャン》文化以来の農民）＋チュルク族（トルコ人）＋ユダヤ人（イスラエル人）などの盛んな混血によって生まれた華北型の雑種である。漢民族（華北型漢人）が優れた能力と旺盛な繁殖力を持っているのは、多様な人種による混血のためである。

また、東西文明を結ぶ主な商人であったユダヤ人は、河南省開封《かいふう》（カイフォン）を基地にして活躍していた。前四世紀以降、開封にあったユダヤ人居住地はよく知られていて、彼らは十八世紀までしぶとくユダヤ教を信じて生き続けていたという。しかし、さしものユダヤ人も度重なる天災や人災によって、ユダヤ教を捨てて漢民族に同化してしまった。

今日、このようなシルクロードから中国に入ったユダヤ民族が、「失われた十部族」の子孫であるということは、多くの研究者によって推論・確認されている。

前二〇六年、秦帝国が滅亡すると、魯国《ろ》（首都・曲阜《きょくふ》）にいたガド族は山東半島の萊《らい》州《しゅう》→竜口《ロンコウ》から乗船し、遼東の奇子《きし》朝鮮（フェニキア人）を頼って亡命した。やがて、燕王公孫氏と同盟して平壌《ピョンヤン》へ移動し、コロニーへ参入していたが、前九〇年ごろ、ガド族々長の猿田彦らと南朝系イッサカル族の一部グループは、新天地を求める移住計画を立案した。こうして彼らは、ヘレニズム文化である「鉄鐸・銅鐸文化」を携えて朝鮮半島西海岸寄りに南下し、玄界灘の対馬・浅茅《あそう》湾へ移動した。

これが『記紀』の記す「ウガヤ王朝の天孫降臨」物語となり、ガド族およびイッサカル族（「儒家」の本流）は日本列島へ大移動することになったのである。

では、本章の最後に「天孫降臨」のプロセスを一つ一つ詳しく見てみよう。

1. 前八六年、初代猿田彦命（ガド族）が、アレキサンダー大王のヘレニズム文化（ギリシアとペルシアの混合文化）である鉄鐸・銅鐸文化を携えて福岡市（早良《さわら》地区）に「旧伊勢国」を建て、二代目猿田彦命が糸島半島の前原市に平原《ひらばる》王墓（原「伊勢神宮」）を建立して、わが国最初の「三種神器」を祀った。

2. 前七四年、秦始皇帝の後裔・秦人系（シメオン族の）大国主命が福岡市と佐賀県の吉野ヶ里に「委奴《いど》国」を建てた。それを風聞した中国広西省（広東《かんとん》）の秦王（趙《ちょう》陀《だ》の後裔）および苗《ミャオ》族（新しい弥生式農民たち）も合流した。

3. 前五〇年、ユダヤ人亡命集団・猿田彦らの後続部隊が利根川下流の霞ヶ浦（茨城県）に渡来した。続いて前三〇年、ゼブルン族が阿多半島（加古島・鹿児島）から渡来し、鹿島灘に上陸した。そのため、人々はこの地を聖地として「常陸の高天原」と称するようになった。これが、のちの〝鹿島トライアングル〟の始まりである。

4. 紀元一年、濊《かい》族の知将・陜父《きょうふ》が熊本に「多婆羅国《たばらこく》」を建てた。この多婆羅国（多羅蛮のクニ）は、後に、朝鮮半島南部（咸安《かんあん》・晋州《チンジュ》）に逆上陸して分国の多羅国を建てることになる。

5. 一四七年、後漢《ごかん》（漢民族）に圧《お》された高句麗（北倭《ほくわ》人のクニ）が、委奴国（ユダヤ系のクニ）および東表国（南倭人のクニ）を攻撃した。当時の東表国（豊日国・駕洛国・金官加羅）は、朝鮮と九州を同一文化圏とする海人族の千年王朝で、委奴国はその同盟国であった。このとき、東表国エブス王は海部知男命《あまべしるおのみこと》であったが、これより高句麗と敵対するようになり、その結果、東アジアの覇権を競う「倭の大乱」が始まった。

6. 一六三年、東表国王海部知男命は委奴国王大国主命と連合し、高句麗と同盟していたガド族・猿田彦命らの旧伊勢国を攻撃した。そして、その首都（前原市の遺跡）や平原王墓（原伊勢神宮）を破壊して、古墳内の超大型青銅鏡を含む八十余面の〝奉納鏡〟を悉《ことごと》く破砕した。このとき、委奴国王大国主命が率いるシメオン族の兵士ら三十名の攻撃部隊は、予め用意した二十丁の鉄斧ですべての神鏡を徹底的に割ってしまった。このような怨念の篭る「古代南北朝の抗争」は、その後も長く繰り返されることになる。すなわち、『記紀』が記すような大国主命の「国譲り物語」などではなかったのである。

7. 二〇四年、ニギハヤヒノミコト（饒速日尊）が白丁《はくちょう》（北倭《ほくわ》パクチョ）軍団を率いて咸鏡《ハムキョン》道清津《チョンジン》を出発し、九州多婆羅国（熊本城＋人吉盆地）への大移動を開始した。その経緯は、中臣家所蔵の『先代旧事《くじ》本紀』「天神本紀」に詳しく載っている。

　このことに関連して、『先代旧事紀』（三輪貞亮著・白川家三十巻本）に述べられている伊勢神宮の神話、すなわち、「天照大神（ウガヤ王朝のシャーマン）、皇太子尊（ニニギノミコト）に天璽瑞宝《あまつしるしのみずたから》十宝を賜う。次に、三十二家の神々（諸部族長）を供奉役として之を衛護させ、また五加（五部族）を添えて以って従となし、而して之を奉ぜしむ云々」とある託宣は、天孫降臨のあと、三十二家の部族長が「倭の百余国」の国造《くにのみやつこ》として配置されていったことを物語っている。

8. 二一〇年、神倭イワレヒコ（ウガヤ王・神武）が伯済国（ソウル）から北倭軍（扶余族と高句麗の連合軍）を率いて南下し、北九州糸島半島に橋頭堡を築いた。一方、公孫氏（ユダヤ人イッサカル族）の大物主王家も渡来して薩摩（始良《あいら》郡）日向（西都市）に投馬国を建てた。この両者は同盟し、東表国内に築いた橋頭堡を守るため、および約五十年前（一六三年）糸島半島を追われた「旧伊勢国」の人々の仇を討つため、秦人系大国主命の「委奴国」への攻撃を開始した。これが、史上有名な「神武東征」の始まりである。

第二章

秦王国と邪馬壱国の合体

失われた「邪馬壱国」の王統と女王たちの系譜

日本の初代天皇と言い伝えられている神武天皇という人物について、

(イ)『契丹北倭記《きったんほくわき》』
(ロ)『秀真伝《ほつまつたえ》』
(ハ)『桓檀古記《かんだんこき》』

の各書には、それぞれ次のような史実が明記されている。

(イ)「神祖（高句麗新大王）は、イカヅチワケ（罽須）をサハキ（扶余）に配した」
(ロ)「神武が、阿蘇高原（北九州一円）を都とする大物主命の国（エブス王の東表国）を奪って、高句麗軍の先遣隊長・ワケイカヅチと名乗った」
(ハ)「神武は伊都国王（北九州の王）であり、日向（宮崎県）にあった卑弥呼の安羅国（阿多半島および大隈半島を含む一帯／公孫氏の領国）と熊本（南九州）にあったニギハヤヒの多婆羅国を合併して邪馬壱国（邪馬台国）を建てた」

（※すべてカッコ内は筆者補筆）

以上を総合すると、『記紀』などにより一般に伝えられている神武天皇というのは、あくまでも『記紀』創作伝達の都合で仕立てられた、いわば神話上の人物であり、歴史上に実在した人物とは違うということが判る。

では、歴史上の実在の人物はというと、イカヅチワケ（扶余王・罽須）またはワケイカヅチ（別雷神）と同一人物で、高句麗新大王の末子・罽須と同一人物である。彼が伊都国王（神武天皇）として即位したのち、母国・帯方郡（ソウル市）の〝一大率〟（監察官）と名乗った所以《ゆえん》である。

二〇四年、五瀬命《いつせのみこと》（高句麗世子発岐《ばっき》）が涓奴部《けんぬぶ》水軍を率いて東扶余（咸鏡道《かんきょうどう》）のニギハヤヒノミコト（饒速日命・エブス系濊《かい》王）を攻撃した。

また、『秀真伝《ほつまつたえ》』には、五瀬命は十年間王位に就き、その崩御後は一大率（監察官）・神武が即位する、とある。

高句麗の草創期、王家の長男発岐《ばっき》が和名を五瀬命と称し、東扶余（迦葉原夫餘《かようばら》があった咸鏡道の地）を攻略した。その後、帯方郡に伯済国を建てていた扶余王子のイワレヒコ（罽須）と合流し、高句麗王として北倭連合軍を率いて北九州糸島半島に進出し、九州攻略のための橋頭堡を築いた。

こうして始まった「神武東征」の最中、五瀬命は戦死し、神武が即位する。

二二〇年、中国では曹操《そうそう》の死によって曹丕《そうひ》が皇帝となり魏朝が建てられたが、やがて後漢の滅亡によって「三国時代」が始まった。

二二一年、遼東に残留した公孫氏（遼東郡太守域《いき》↓度《たく》の王家）では、康《こう》の弟・恭《きょう》（建御名方命／？　～二二八年）が燕王として即位した。そして、二二八年、公孫恭が死亡し、燕王として康の子・淵《えん》（？　～二三八年）が即位した。

二三四年には、神倭イワレヒコ・伊都国王神武が崩御した（享年六十六歳）。

神武が崩御したのち、その跡を継いでいたタギシミミノミコト（卑弥呼の二番目の夫）をソウル宮殿で殺し、北朝鮮・東扶余王国の皇位を奪ったのが、神沼河耳命《かむぬまかわみみのみこと》（神武と卑弥呼の次男・神淳名川耳尊《かむぬなかわみみのみこと》）である。この人物こそ、のちの「日本国史」にいう『倭の大王』綏靖《すいぜい》（天皇）である。

二三四年、帯方郡の一大率＋伊都国王の神武が崩御すると、直ちに倭人国の部族会議が招集され、伊都国・多婆羅国・安羅国・駕洛国・伯済国（百済）などの諸王が謀って、倭人連合の「邪馬壱国」を建国した。そして、神武の王妃（後妻）卑弥呼（実は公孫氏の宗女）を初代王（女王）に推戴した。

このあとの経緯は、前著『検証！　捏造の日本史』一〇八頁以下に詳述されているので割愛させていただくが、女王の卑弥呼と壱与について若干の補足をすれば次のようになるであろう。

伊都国の都（行政府）は須玖岡本《すぐおかもと》（福岡県春日市）にあって、神武の王宮は委奴国の旧都があった比恵《ひえ》邑（福岡市博多区比恵）に構え、そこに卑弥呼も居住していた。一大率の神武は朝鮮も支配していたから、東扶余（北朝鮮の東部）や伯済国（ソウル）に行ったり、それからまた須玖《すぐ》（伊都国の都）に帰ったりしていた。

王妃の卑弥呼も普段は比恵《ひえ》王宮に住んでいたが、伊都国王神武が亡くなり、続いて安羅国王事代主命《ことしろぬしのみこと》（公孫康）も亡くなった後は、その首都西都原《さいとばる》をも直接支配した。そして、神武の死後には神武の長男（先妻アヒラツヒメの子／タギシミミノミコト）と結婚して邪馬壱国の首都（旧安羅国）に城柵を構え、そこを王宮としていた。

以上の史実を検証してみると、『魏志』倭人伝にいう「（伊都国より）南の邪馬壱国（女王の都する処）へ行くには、水行十日・陸行一月にして、七万余戸あり」の記事とぴたり一致するのである。

耶律羽之撰・鹿島昇解『倭人興亡史』（新国民社）には、「宗女壱与が辰国の故地（慶州）を訪れたと」ある（『州鮮記』〔フェニキア系諸国の新史〕詩文参照）。このイヨとは、対馬の祭祀センター任那《みまな》（厳原町国尾城）に移動して綏靖《すいぜい》妃となった壱与のことだから、綏《すい》靖《ぜい》天皇（神武と卑弥呼の子）との間にもうけた皇子安寧《あんねい》とともに、南朝鮮海域に出動して、狗奴《くぬ》国系の孝霊水軍（東表国の南倭水軍）と戦ったことになる。

邪馬壱国と狗奴国との〝抗争と和睦〟

二世紀から三世紀にかけての時代、遼東平原と朝鮮半島の領有を巡って、東アジアの東夷諸民族の死闘が続けられていた。その動乱期の記録である『三国史記』（朝鮮最古の「高句麗・百済・新羅」三国の歴史書）には、次のように記されている。

1. 東表国王孝霊（責稽《せっけい》）は帯方太守の王女宝菓《ほうか》を娶り、帯方郡を援《たす》けて高句麗と戦った。だが、漢と濊貊《かいはく》（邪馬壱国）の連合軍に挟撃されて戦死した。
2. 邪馬壱国王安寧《あんねい》（神武の孫）が孝霊（東表国＋狗奴《くぬ》国の王）の宗女孝元（汾西《ふんせい》／二

九八年〜三〇四年）を娶り、楽浪郡《らくろう》（高句麗の砦）を襲ったが、楽浪太守に暗殺された。

3．以上のように、楽浪・帯方の両郡太守、高句麗（扶余と濊国）の王、東表国（狗奴国）の王、邪馬壱国（百済国）の王ら、東夷諸国王の盛衰が複雑に絡み合う状況の中で、崇神天皇（懿徳《いとく》の皇子・近肖古《きんしょうこ》／四二〇年〜四二七年）が、邪馬壱国王安寧と孝元の間の王女開化《かいか》（契／三四四年〜三四六年）を娶った。

4．邪馬壱国（濊貊）優位のうちに、崇神が東夷の三王朝を併せた「倭国大王」となり、国名を百済《くだら》とした。このことを、聖徳太子（実は百済二十七代威徳王昌）が作ったといわれている『旧事紀』崇神の条は「朕初めて天皇となる」と、百済の建国を記している。天皇がもともと三韓の王、すなわち辰王であることについては、雄略（倭王武）の条に「世人云えるあり。天皇、三韓を治めずして、一婦を掠奪せり」となっていて、何故か日韓両国にまたがる邪馬壱国と東表国（狗奴国）の歴史を風刺している。

こうして、邪馬壱国の扶余王家と東表国のエビス王家が婚姻を結ぶ関係となり、和睦融合したのであるが、『百済本紀』にも『記紀』にも、その史実はほとんど書かれていない。

両書が有識者から「偽史」と看做《みな》される所以《ゆえん》であろう。

秦王国における「壬申の乱」

『記紀』では、天智天皇の子で弘文《こうぶん》天皇（大友皇子《おおとものおうじ》）という人物が描かれているが、実はこの天皇は、秦王国の上宮《かみつみや》法王と対立関係にあった弟の子・秦王国最後の大王（天皇より上位の天子）であった。巷間いわれているように、いわゆる天智天皇と天武天皇は兄弟ではないし、歴史小説に書かれているような「額田王《ぬかだのおおきみ》をめぐる歌合戦」や「愛情争い」があったという史実はなかった。

「壬申《じんしん》の乱」といわれている戦いは、唐・新羅連合軍が秦王国を壊していく過程で、次から次へと、秦氏をはじめとする秦王国のブレーンたちが、占領軍側に呆気《あっけ》なく寝返っていく〝クーデター〟を描いたものである。いろいろな人物が登場し、面白く書いてあっても、それはすべて、新羅系僧侶の手に成るフィクションであった。

他の地域では戦が相当長く続くのに、秦王国のある奈良盆地や近畿地方で急転直下勝負がついてしまった理由は、秦王国の諸豪族が買収等で寝返ったためで、その結果、新羅新政権が出来ていったのである。ちなみに、最後まで抵抗した蘇我氏（ヒッタイト系製鉄族）の人々は、秦王国の分国・関東の扶桑国《ふそうこく》（茨城県・千葉県・神奈川県・東京都など）の領域へ逃げていった。

こうして、倭国・邪馬壱国も滅び、続いて秦王国も滅んでいくのだが、そうしたなか、関東の分国・扶桑国（国造庁舎・鹿島神宮）から出てきたのが藤原不比等である。やがて彼が新しい日本の天皇家を創立していくのだが、では、次にその経緯を述べることにしよう。

「鹿島立ち」とは何か

昔から言われてきた慣用句で、突然あわただしく、外国留学や武者修行の旅に出ることを「鹿島立ち」という。伝説によれば、春日大社へ向かう武甕槌命《たけみかづちのみこと》（ゼブルン族の神）が、柿の木の鞭を手に持って白鹿に乗り、鹿島を出発したことが由来であるという。

だが実は、これには次のような歴史的経緯があった。

奈良盆地に秦王国が建てられた紀元二三〇年頃、シメオン族の秦氏と旧委奴国系のエブス人王族とが揃って関東へ下向し、鹿島トライアングルの宮司職（扶桑国の国造《くにのみやつこ》）となった。ここにいう諸王族とは、中臣氏（エブス人）、土師《はじし》氏（シメオン族）、物部氏（レビ族）、蘇我氏（ヒッタイト人）の斎主《いわいぬし》一族である。

この頃より、神を奉斎する宮司である斎主神《いわいぬしのかみ》（伊波比主命《いはひぬしのみこと》）が死去すると、その宮司も神として祀られるようになった。秦王国の分国・扶桑国守を兼ねる鹿島神宮の宮司は、次のように変遷している。

①二三〇年～三五〇年の百二十年間、秦氏（シメオン族）が務めた。
②三五〇年～四五〇年の百年間、中臣氏（エブス人）が務めた。
③四五〇年～四八〇年の三十年間、物部氏（レビ族）が務めた。
④四八〇年以降、中臣氏（エブス人）が務めていた。

このように、〝祭政一致〟の時代、斎主《いわいぬし》一族が国造《くにのみやつこ》兼宮司職を務めていた。

だが、白村江《はくすきのえ》の敗戦に続く近江・壬申の乱後の六八一年九月、橿原宮《かしはらのみや》占領軍が浄御原《きよみがはら》令《りょう》を施行したことで、国造《くにのみやつこ》支配の基となっていた秦王国（俀《たい》国）の制度が全面的に廃止され、新たに国司《くにのつかさ》・郡司《こおりのつかさ》制度が成立した。

そのため、鹿島神宮々司兼関東国造を務めていた中臣氏に、伊勢神宮（三重県）の宮司職へ転任する勅命が下ったのである。それは、「壬申の乱」以後、関東へ逃亡した秦氏や蘇我氏の勢力と、秦王国の分国である扶桑国造の勢力とが結合して、再反乱を起こすことを警戒した新羅占領軍の命令によるものであった。

勅命を受けた中臣氏は、一家一門を挙げてあわただしく転任していったが、それはまさに足許から鳥（鴨）の群れが飛び立つほどの騒ぎであった。以来、思いがけない〝突然の旅立ち〟を「鹿島立ち」と評するようになったのである。

『紀』にも記されている（？）〝神仏混交信仰〟の始まり

新羅皇帝の勅命による〝鹿島立ち〟によって、敗戦による悲哀をもろに受けた秦王国と邪馬壱国の王族（神官）たちは、亡国の淵に立った吾国（日本列島）の再建策を協議するため、急遽、中臣氏の提案で、全国的な豪族（神官）会議を招集した。

『日本書紀』天武天皇の条に、
①六七四年八月、「石上神宮《いそのかみ》（物部氏の武器庫）の神宝を磨かす」とあり、
②六七六年十一月、「諸国に金光明経《こんこうみょうきょう》・仁王経《におうきょう》を講説さす」とある。
③続いて、六八五年三月、「諸国の家ごとに仏舎を造らせ、経と仏像を置かせる」とある。
④また、「山田寺（蘇我倉山田《そがのくらやまだ》石川麻呂（倭国大臣《たいこくおおみ》）の菩提寺／奈良県高市郡明日香村《たかいちぐんあすか》）の丈六《じょうろく》仏像（のちに興福寺に移された銅造仏頭《どうぞうぶっとう》）開眼」とあり、
⑤同年九月、「伊勢神宮の式年遷宮制を定める」とある。

以上の史実によって、諸豪族の神官会議による「国の再建策」が協議されたことが推察される。その再建策は、古来の神道と新来の仏教を習合させて〝神仏混交の「八幡《やはた》信仰」〟をうち立てることであったと思われる。それは、従来の〝神々〟への信仰および〝仏さま〟への信仰心、つまり宗教観を根底から変えるものであった。すなわち、国民の〝敗戦後遺症〟を取り除くためには、「〝神や仏の国〟に生きるプライド」を取り戻すことだと考えたのかもしれない。

では、歴史をさかのぼって、その経緯を考察してみよう。

『先代旧事本紀《くじほんき》』は、元来「ニギハヤヒ王朝史」に「ウガヤ王朝史」を加えて合成したものであって、八世紀以後、『記紀』に合わせて改竄されたものである。したがって、われわれは隠された史実を検証して歴史を正していかねばならないのである。

大乗仏教の伝来

前二年（弥生時代晩期）、仏教が、大月氏国《だいげっし》（サンスクリット語、すなわち〝完成された〟インド・ヨーロッパ語族の文化圏）から中国・漢王朝（前漢）に伝わった。『後漢書《ごかんじょ》』永平八年（六五年）の「桓帝紀」には、「前史にいう。桓帝音楽を好み、琴笙《きんしょう》を善《よ》くし、芳林を飾って濯竜《たくりゅう》の宮を造る。華蓋《かがい》を設けて浮図《ふと》（仏《ほとけ》）老子《ろうし》を祀る」とある。

ちなみに、この老子は、中国・春秋時代の思想家、道家の祖といわれる。『史記』には、周（アッシリアの分国）の図書室書記官の役を辞して亡命し、函谷関《かんこくかん》（長安～洛陽間の黄河沿岸の関所）に至った時、関守（当時の大官）に「老子道徳教」を授け、のち中原《ちゅうげん》（河南省）を経てインドに向かった。その深遠な思想は、前六世紀の「釈迦の思想」や仏教の興隆に影響を与え、戦国時代の「孔子・孟子」以後の編纂になる「現行本」は、すでに前漢の始め頃には成立していたという。

三五三年、「万里の長城」西端、玉門関《ぎょくもんかん》近く、シルクロードの中継基地、または起点でもある敦煌《とんこう》に有名な千仏洞《せんぶつどう》が建設された。

三七一年には、秦王符堅《ふけん》の使者および僧順道《じゅんどう》が高句麗に来ているが、これが朝鮮半島への仏教伝来の始めである。そして三八四年、胡僧・摩羅難陀《まらなんだ》が晋《しん》から百済に来ていて、こちらが百済仏法の始めとなる。

四二七年、高句麗王朝は平壌《ピョンヤン》に都を遷し、五二八年、新羅、初めて仏法を行う。

五三八年、百済は日本（倭国および俀国《たいこく》）に大乗仏教を伝え、五四一年、百済は、中国・南朝のクニ梁《りょう》（都は開封《かいふう》）に対して仏典・儒学者・医者・工匠・画師などを求めている。

このようにして伝来された三国時代の朝鮮仏教は、仏教本来の仏陀・釈迦牟尼信仰に加えて、三韓王族一家の繁栄を願う「護国仏教」というべきものであった。

六〇六年（推古十四年）以降には、インドから渡来したクシャトリアの花郎《かろう》（ファラン）軍団三千人が新羅の傭兵となって大活躍し、天武五年（六七七年）、ついに統一新羅が誕生した。だが、このような背景の中で、固有の「ギーター信仰」（封建的な忠誠心を強調する思想）に加えて護国仏教への信仰心が濃厚となり、やがて花郎軍団は神仏混交の

「八幡神《やはたのかみ》」を信奉する〝墨染めの衣〟を纏った巫僧《ふそう》（神人《しんじん》・僧兵）集団となった。

この〝墨染めの衣〟を纏った花郎軍団の初代元帥が、新羅軍の源花（長官）金庾信《きんゆしん》（和名・中臣鎌足）であり、二代目が郭務悰《かくむそう》（和名・藤原鎌足）である。

六七二年（弘文元年）六月、近江の「壬申の乱」を鎮圧したのは、この郭務悰（藤原鎌足）が率いる花郎軍団であった。彼らは、〝墨染めの衣〟を着た巫僧《ふそう》集団でもあり、郭務悰もユダヤ人のレビ族（物部氏も同族）だったから、当初から妥協による和睦を図ろうと執拗に工作していた。その成果が実り、秦王国「日本ユダヤ王朝」存亡の危機に際し、藤原鎌足（郭務悰）の仲介でシメオン族とガド族間の長年にわたる〝確執〟も解けて、古代南北朝の争いを中止し、共に新羅軍政に協力することになったと思われる。

〝藤原氏〟の祖となった不比等の出自

近江「壬申の乱」の時、十一歳であった中臣不比等は、幼少時に父親を亡くし、扶桑国の行政府があった鹿島神宮の神官・中臣氏（エブス人）に養育されて、その後押しで、当時は繁華な奈良の都に進出していった。それゆえ、不比等はユダヤ系のシメオン族（秦始皇帝の後裔）で、中臣氏と血のつながりはない。

しかし、秦王国が東進して来た時に、一緒に協力していた東表国王族の中臣氏に面倒を見てもらっていたので、義父の名をとって中臣鎌足という名前が編み出された。

こうして、シメオン族々長の不比等とガド族巨勢《こせ》氏系・津守氏の姫君・宮子の結婚式が、藤原鎌足（郭務悰）の仲人で行われ、やがて中臣氏の本家邸宅において、三男四女（表向きには、次男房前《ふささき》を加えた四男四女）をもうけていった。

「国史」は、「藤原氏の系図作りのため、大織冠《たいしょっかん》藤原鎌足の系譜にシメオン族和珥《わに》氏の壱岐史韓国《いきのふひとからくに》なる人物を介在させて、藤原姓を名乗るようになった不比等が、持統八年（六九四年）十二月に、（三十六歳で）藤原宮へ昇殿した」と記している。だが、実際にはシメオン族々長として、早くから新羅軍政に協力する仕事、すなわち倭王・秦王たちの「神官会議」で立案された行政策の遂行を担当していたと思われる。

八幡神の「大菩薩号」について

神祇《じんぎ》で大菩薩の称号を持っているのは、現在の伊勢国・多度《たど》神社の多度大菩薩が最も古く、次いで能登国・気多《けた》神社の気多不思議大菩薩、紀伊国・熊野本宮の証誠《しょうじょう》大菩薩などがある。そもそも、インド・グプタ王朝の騎士団であった花郎軍団伝来の小乗仏教の菩薩の修行には、全部で五十二位があり、これを終えると仏《ほとけ》に成仏するといわれる。また、その第四十一位から第五十位までを十地といい、第八位の不動地以上の「不退位」に入った者を大菩薩といっている。不退位の菩薩は悟りや功徳を失わない菩薩だと言われるが、八幡《やはた》の菩薩号ではこの不退位の大菩薩を奉っている。

また、〝神仏混交〟となった大乗仏教の八幡大菩薩で重要なことは、「神像」の問題である。その神像の姿は、僧形《そうぎょう》、すなわち沙門形《しゃもんぎょう》・比丘形《びくぎょう》をしており、頭は青く剃った円頂である。身体には袈裟《けさ》をつけ、手に錫杖《しゃくじょう》を持っている。普通の菩薩形《ぼさつぎょう》は、頭は垂髪《たれがみ》、天冠をいただき、天衣をまとっているが、八幡像はこれらと全く違って地蔵菩薩と同じ姿をしている。つまり、八幡大菩薩は地蔵菩薩と同じ本願を持っている「お方」という意味である。

地蔵菩薩は、衆生が悉く成仏しなければ仏にならぬという誓願を持っておられる。すなわち、すべての人を成仏させた後に成仏するという思想を持っているのが、地蔵菩薩である。八幡神が地蔵菩薩と同じ姿をしているのは、地蔵と同様に苦しんでいる衆生を済度するのが本願である、ということ。つまり、大悲闡提《せんてい》の菩薩として成仏を望まず、欲が深く、熾盛《しせい》な菩薩であり、最も得難い救い主であるということである。これが八幡信仰＝神仏混交によって衆生救済を目的とする「日本統一仏教」の真髄であった。

その生身（精霊）の本尊として、天智四年（六六四年）、豊前国宇佐郡馬城峰《ばじょうほう》（小椋山《おぐらやま》頂《いただき》）に降臨された救世主（皇統第十三代仲哀《ちゅうあい》天皇と神功皇后《じんぐうこうごう》の御子・応神天皇（誉田《ほんだ》別尊《わけのみこと》）の御霊）を八幡宮の祭神として祀った、ということであろう。

倭国・第一王朝の東表国（宇佐八幡宮）はウサツヒコ（宇沙都比古）・ウサツヒメ（宇沙都比売）を祭神としていたが、白村江以後の奈良時代になって、突然、応神天皇の御霊を祭神とするようになった（長崎県対馬《つしま》市豊玉町の海神《わだつみ》神社には、「幼い誉田《ほんだ》神を抱いた神功皇后《じんぐうこうごう》尊像」という古風な〝掛軸〟が祀られている）。

さらに平安時代になると、弘仁十二年（八二一年）、嵯峨天皇の官符が下され、「件《くだんの》大菩薩、是亦《これまた》、太上《だじょう》天皇の霊なり」という前代未聞の託宣によってますます明確にされていった（『東大寺要録』第四参照）。

興福寺の歴史

和銅三年（七一〇年）、奈良の平城京に遷都すると、右大臣となった藤原不比等は、一族の繁栄を願って伽藍の造営を発願し、その寺地を春日山麓の景勝の地に求めた。

養老五年（七二一年）には、不比等の一周忌に合わせて北円堂《ほくえんどう》が伽藍北西角に建立され、この頃より、私的な氏寺として出発した興福寺《こうふくじ》が、国営官寺としての扱いを受け始めた。

天平二年（七三〇年）、光明皇后の発願によって五重塔《ごじゅうのとう》と東金堂《とうこんどう》が建立された。この五重塔と東金堂は回廊と築地で囲まれ、西面に二門を開き、独立した一郭を形成したため、東金堂院あるいは東仏殿院《とうぶつでんいん》と呼ばれるようになった。

天平五年（七三三年）、光明皇后の義母（不比等の正妻）橘三千代が亡くなると、西金《さいこん》堂《どう》と安置諸尊の造立を発願し、その一周忌に供養の儀を営んだ。本尊である丈六釈《じょうろくしゃ》迦《か》三《さん》尊《ぞん》以下、十大弟子《じゅうだいでし》、羅睺羅《らごら》、梵天《ぼんてん》、帝釈天《たいしゃくてん》、四天王《してんのう》、八部衆《はちぶしゅう》の計二十八躯の諸像が安置され、波羅門形《ばらもんぎょう》（バラモン老僧像）と金鼓《こんく》（竜神の鐘《かね》）も置かれた。

こうした金堂《こんどう》創建以来、南円堂《なんえんどう》（弘仁四年〔八一三年〕藤原冬嗣《ふゆつぐ》発願による）の建立に至るまで、約百年間かけて、興福寺は伽藍としての体裁を完全に整え終わる。その後、藤原氏一門の隆盛とあいまって、奈良大和をはじめ諸国に広大な荘園を獲得して経済的基盤を固め、発展の一途をたどった。

三面六臂の「阿修羅像」とは何か

最近、東京都上野の国立博物館に展示されて、異常な関心と話題を呼んだ三面六臂《さんめんろっぴ》の阿修羅像《あしゅらぞう》は、興福寺創建期の数少ない遺例で、天平六年（七三四年）、光明皇后が義母橘美千代のために建立した西金堂《さいこんどう》の本尊釈迦如来に随侍《ずいじ》する像として造られたものである。

この「阿修羅像」について、平成二年（一九九〇年）刊行の小学館ギャラリー「新編・名宝日本の美術」第三巻『興福寺』の解説者・松島健《まつしまけん》氏は次のように述べている。

☆　☆　☆

現在、奈良市には、上半身のみとなった五部浄《ごぶじょう》像をふくめて〝八躯一具〟が保存されているが、八部衆とは、釈尊に教化されて仏法守護の善神となった古代インドのヒンドゥー教の神々で、天竜八部衆《てんりゅうはちぶしゅう》とも呼ばれる。

三面六臂の「阿修羅像」

これらは、帝釈天《たいしゃくてん》と天空で激しい闘いを繰り返した〝三面六臂《さんめんろっぴ》の阿修羅《あしゅら》像〟、竜を食う鳥頭着甲《ちょうとうちゃっこう》の迦楼羅《かるら》像、三目一角《さんもくいっかく》を有する緊那羅《きんなら》像などと、その形象はきわめて異相に作られている。だが、阿修羅・緊那羅両像では、清純な少女あるいは少年を思わせる親しみ易い表情が生き生きと表されており、体つきも細身で、身体はほとんど直立に近い。このような作風は、東大寺法華堂《ほっけどう》諸像に代表される天平盛期の、いわゆる「古典彫刻」とは全く異質のもので、奈良時代彫刻の歴史を考察する上でも重要な遺品である。

沙羯羅《しゃがら》は、愛らしい童子の貌《かお》とした所以《ゆえん》は定かではないが、蛇冠《じゃかん》をいただく姿はむしろ蛇の神格化である摩睺羅迦《まごらか》とみるべきである。また、畢婆羅迦《ひばらか》は、寺ではこれを摩睺羅迦《まごらか》にあて、この名で呼ぶ。有髯着甲《ゆうぜんちゃっこう》の形姿は普通の天王像に共通している。あるいは天神か。鳩槃荼《くばんだ》の威嚇の表情は、かつての暴悪の鬼神の性格を表したものであろうが、直立する姿態とのバランスを欠き、ユーモラスな趣がただよう。像はすべて脱活乾湿造《だつかつかんしつづくり》で、麻布《まふ》数枚を貼りかさね、木屎《こくそ》（木糞）などと麦漆《むぎうるし》を練り合わせたもので細部を仕上げる。像内は空洞で簡単な木枠で支えられているため、非常時には、腕に抱えて持ち運べたから、度々の災害を免れることができたのであろう。（中略）

その後、治承《じしょう》四年（一一八〇年）十二月十八日、平重衡《たいらのしげひら》らの兵火で唐招提寺金堂《とうしょうだいじこんどう》と同様であった（興福寺の）堂舎も廃滅した。だが、八部衆像と釈尊の優れた十人の高弟である十大弟子像十躯のうち、六躯が今に伝えられている。ともに釈迦随侍の小像とはいえ、創建期の主要堂塔の安置仏が壊滅していることを思えば、奇跡的なことと言わねばなるまい。

寺伝にいう六躯の名称には誤りもあるようだが、十大弟子一具として、いずれも衣に袈《け》裟《さ》をつけた比丘形《びくぎょう》を表し、像主の老若、性格の違いを、表情、体貌、着衣の扱いにいたるまで明快に作り分けている。

漆《うるし》でかさねた麻布《まふ》の層が薄いためであろうか、全体に歪《ひずみ》や痩《や》せが生じてはいるが、その素直で自然な造形は、八部衆像と共通した特性とはいえ、ともに同系（秦王国人）の工人《こうじん》の手に成ったものと見てよい。一見、素朴で単純な象形《しょうけい》の中に人間的な暖かみ、親しみを感じさせるところが名品といわれる所以《ゆえん》であろう。

古記録にいう（秦人）作者仏師将軍万福《ぶっししょうぐんまんぷく》については、他に知るところがない。

（※カッコ内は筆者補筆）

☆　☆　☆

興福寺仏頭と薬師寺金堂三尊像

松山鉄夫氏は、小学館ギャラリー「名宝日本の美術『薬師寺』〜薬師寺金堂薬師三尊像の制作年代について」の解説文の中で、次のように述べている。

☆　☆　☆

現在、興福寺に伝わる旧山田寺（旧飛鳥邑《あすかむら》・倭国造《たいこくづくり》）の銅造仏頭《どうぞうぶっとう》は、白鳳彫刻（六七八年〜六八五年）の名品としてすこぶる名高い存在である。加えてこれは、薬師寺の金堂三尊像の問題を考える上でも、たいへん重要な意味を持つ作品である。（中略）

いま、旧平城京薬師寺にある三尊像は、本薬師寺から移坐されたものだから、旧山田寺の丈六《じょうろく》仏像、つまり（いま興福寺にある）〝仏頭〟との間に、様式上、技法上の大差があってはならないのである。（中略）

養老二年（七一八年）、『薬師寺縁起』に「伽藍を平城京に移す」とある。だがこの時、薬師寺の移転に伴う造営工事に着手したとすると、わずか三、四年で、この伽藍の主要部が完成したことになるが、これは明らかに無理である。寺地を整備し、金堂とその本尊を

薬師三尊像

旧山田寺仏頭

つくり、講堂、西塔、僧坊の建設という大きな工事を行うには、四年ではとうてい不可能である。この頃、興福寺の造営が、遷都と同時に着工されていることに比べて、いま一つの問題は、安閇皇女《あへのおうじょ》と氷高《ひだか》内親王の立場（論文は元明天皇・元正天皇としているが、実は安閇皇女《あへのおうじょ》も氷高《ひだか》内親王も共に即位していない王族）であった。

平城京への遷都を主導し、その号令を発したのは（公式には）元明女帝となっているが、都城造営計画の一環であったはずの薬師寺の造営に関して、遷都後八年もの間、元明女帝（実は安閇皇女《あへのおうじょ》）は一つも命令を下していない。

されば、薬師寺金堂三尊像の造顕年次を、和銅三年（七一〇年）から養老二年（七一八年）にいたる間と考え、その養老二年には、堂とともにすでに完成していたと考えたいのである。

平城京遷都と共に計画された興福寺の建立《こんりゅう》は、和銅七年（七一四年）頃から始められた。平城京の外京《がいきょう》である左京《さきょう》三条七坊《ぼう》の方四町《よんちょう》を占める興福寺の伽藍は、その中枢部を中金堂院あるいは中仏殿院と称し、南北の中軸線上に、南から三条大路に面する南大門、中門、金堂、講堂とならび、中門から発する回廊が金堂両脇に取りつく。金堂と講堂の間には東西に経蔵《きょうぞう》と鐘楼《しょうろう》が置かれ、講堂の三方をかこむように、東室《ひがしむろ》（十一世紀ごろから中《なか》室《むろ》)、西室《にしむろ》、北室《きたむろ》(上階・下階)の三面僧房《さんめんそうぼう》が配された。

中金堂《なかこんどう》には、家祖・鎌足造立《ぞうりゅう》の旧山階寺《やましなでら》の丈六釈迦像《じょうろくしゃかぞう》を本尊とし、十一面観音像二躯と薬王《やくおう》・薬上《やくじょう》二菩薩像、四天王像などを安置した。養老五年(七二一年)八月には、橘美千代が氏祖・不比等の一周忌供養のために造った(とされる)弥勒浄土変《みろくじょうどへん》の群像も置かれ、その後、さらにもう一具の弥勒浄土変像が追加安置された。

この養老五年には、同じく不比等の一周忌に合わせて、元明上皇(安閇皇女)・元正天皇(氷高《ひだか》内親王)が長屋王に命じて造営を進めていた北円堂《ほくえんどう》が伽藍西北角に建立され、本尊弥勒菩薩、両脇侍菩薩、羅漢二躯、四天王を安置した。諸仏はいずれも塑像《そぞう》であったらしい。この北円堂の造営に当たっては、その前年に、国営の「造興福寺仏殿司」を設置したことが『続《しょく》日本紀』にみえる。これは、興福寺の名が正史《せいし》にあらわれる初見であり、藤原氏のいわば私的な氏寺として出発した興福寺が、国営の官寺として公認されたことを表し、天平時代前期には、大安寺《だいあんじ》、薬師寺《やくしじ》、元興寺《がんごうじ》の官立寺院とならんで四大寺の一つに数えられるに至った。

次いで、東金堂《とうこんどう》が金堂の東南の位置に建立され、神亀《じんき》三年(七二六年)七月に聖武天皇が叔母の元正太上天皇《げんしょうだじょう》(実は氷高皇女《ひだかおうじょ》)の除病延命を祈願して造立した薬師三尊像を本尊として祀った。その他、山階《やましな》寺あるいは厩坂寺《うまやさかでら》以来と伝わる釈迦涅槃絵像《しゃかねはんえぞう》も安置した。だが、この由緒ある絵像は、のちに破損して西金堂《さいこんどう》に移されたという。

東金堂の南に、光明皇后の御願《ごがん》によって五重塔が建立されたのは、天平二年（七三〇年）のことである。建物は一年に満たない短い期間で竣工したが、塔内諸層に安置された東方薬師、南方釈迦、西方阿弥陀、北方弥勒のいわゆる四方四仏の浄土変群像は、主要な仏像だけで八十三躯にもおよび、塔の完成後、やや遅れて造立されたようである。

（※カッコ内は筆者補筆）

☆　☆　☆

唐人および百済人の謀略によって、東大寺の大仏が建立された

鈴木治氏は、著書『白村江《はくすきのえ》』（学生社）の中で次のように述べている。

「天平五年（七三三年）四月、再開第三回遣唐使として多治比広成《たじひのひろなり》の一行が出発し、七年三月に広成が帰ってきたが、その船で、先の第二回遣唐使とともに渡唐していた吉備真備《きびのまきび》と僧玄昉《げんぼう》が留学二十年ぶりで帰ってきた。翌八年七月、副使中臣名代《なかおみなだい》と同船して、バラモ

ン僧正《そうじょう》菩提僊那《ぼだいせんな》と僧道璿《どうせん》、および唐人・皇甫東朝《こうほとうちょう》と皇甫昇女《こうほこうじょ》、波斯《ペルシャ》人李密（リミエイ）らが来朝した。――奈良東大寺の大仏建造プランは、吉備真備、玄昉、バラモン僧正および唐僧道璿《どうせん》の四人によって、このとき唐から齎《もたら》された」

『日本書紀』には、「天平十二年（七四〇年）二月、恭仁京《くにのきょう》へ遷都」と記録してある。が、実はこのとき、「聖武天皇は難波宮《なにわのみや》に行幸して、その途次、河内国大県郡《おおがたぐん》に近い知識寺《ちしきじ》に立ち寄り、盧舎那仏《るしゃなぶつ》を拝して大仏建立を発意した」と巷間伝えられている。

この『紀』の記事について、岸俊男氏は、自著『藤原仲麻呂』（吉川弘文館）の中で、「この時同道した光明皇后が大仏建立策を強力に勧めたのであろう」と述べている。

この仮説を享けて、鹿島曻は、『倭と日本建国史』の中で次のように主張している。

☆　☆　☆

……すると、唐（則天武后政権）の〝仏教傾斜〟にかぶれた吉備真備らは、リモート・コントロールでまず光明皇后を説得し、皇后から聖武天皇に進言させたという訳だ。

このの ち、光明皇后の意をうけた藤原仲麻呂が強力に大仏建立を進めるが、皇后と仲麻呂はともに名義上は唐将郭務悰《かくむそう》（藤原鎌足）の子孫であり、いわば〝親唐派〟という立場だから、ここで唐の風俗に従ったとしても異とするに足りない。しかし、この仕事はこの時代としては国費の半ばを超える大事業であり、実際に大仏建立事業を進めたのは百済人のグループであって、この事業のために、結局、統一新羅王朝（天武系の北朝王朝）は滅び、邪馬壱国および秦王国系の（南朝系）百済王朝が出来上がったのである。

こんな浪費のはてに加えて、新羅皇帝の代理・日本総督の王族・女王たちの色狂いで、せっかく白村江の戦勝によってひそかに作り上げた新羅系王朝も崩壊してしまうのだから、天平宝字元年（七五七年）七月、橘奈良麻呂らが裏方の扇動役となり、大仏建立に反対して「乱」を企てたのも、あながち理由なしとしないのである。

これよりさき、天平十二年（七四〇年）十二月、太宰少弐藤原広嗣《ひろつぐ》が北九州で乱を起こしたため、聖武天皇は「朕は思うところあって都を離れる」と勅して、仲麻呂らを連れてさっさと遁走してしまった。このことからみても、聖武天皇が正気でなかったことは判るが、この間、完全に、光明皇后を自己薬籠中とした仲麻呂と百済王敬福《くだらのこにきしきょうふく》は、相協力して聖武天皇から橘諸兄《たちばなのもろえ》右大臣政権に至る〝新羅奈良朝廷内の支配権〟を徐々に奪っていった。

天平十九年（七四七年）、聖武天皇は東大寺大仏の鋳造を開始させたが、黄金が不足して完成せず、唐から買い求めようとしたところ、不思議にも宇佐八幡宮の神託により、「百済王敬福は陸奥の地で黄金を発見して云々」となり、遂に大仏が完成した。

聖武天皇は、この完成を機として孝謙《こうけん》（敬福と光明子の娘・高野姫）に譲位した。そして、孝謙を後見する光明皇太后のために紫微中台《しびちゅうたい》が置かれて、仲麻呂がその長官となる。このような黄金発見と大仏完成が齎《もたら》した「孝謙即位」および「藤原氏への権力集中」を考えると、黄金の発見にしても、「神官会議」の意を受けた光明子、仲麻呂、百済王敬福《くだらのこにきしきょうふく》らによる周到な謀略作戦だったことがよく判るのである。

☆　☆　☆

ところで、世に、聖武《しょうむ》、行基《ぎょうき》、良弁《ろうべん》、菩提僊那《せんな》の四人を東大寺造立の四聖と唱えるが、このうち、僧行基は百済系帰化人の高志氏《こうしし》である。釈良弁《ろうべん》は、幼時に鷲に浚われて、春日神祠にいた義淵《ぎえん》に救われたという故事のとおり、このとき山主比良明神《ひらみょうじん》（製鉄族・猿田彦命の後裔）に救われたのであろう。したがって、二人共に青銅冶金《やきん》術の熟練者であった。

また、唐人菩提僊那《せんな》は則天武后の意を汲んで、日本に建造される東大寺の盧舎那大仏を〝高宗の風貌〟通りに仕上げようと腐心したものであろう。

『興福寺流記《るき》』所引の「宝字記」には、この他に、「天平宝字五年（七六一年）、勅を奉じて、宮子皇太后のために興福寺東院の仏像を作り、同十月、聖武天皇のために補陀洛山浄《ふだらくさん》土変を、光明皇后のために阿弥陀浄土変を作った」とある。

また、『日本霊異記』下三八に、「阿倍内親王（高野姫・孝謙女帝）と道祖王《ふなどのおう》（天武天皇の孫・新田部親王の子／日本総督）との二人を以って天下を治めしめんとの聖武天皇の勅問を承《うけたまわ》り、祈《いの》りの酒を飲み勅語に違《たが》わざることを誓いあい、帝《みかど》の崩御後、道祖王を皇太子にした」と見える。

三面六臂の「阿修羅」像は光明皇后の三人の姫がモデル

このあと、『日本書紀』は、以下のように記している。

「宝亀元年（七七〇年）八月、称徳天皇崩ず（五十三歳）。続いて、道鏡を下野薬師寺別《しもつけ》当《べっとう》に落とす。十月、白壁王即位《しらかべおう》、改元」

だが、実際には、白壁王（百済王敬福《くだらのこにきしきょうふく》と第一夫人との長男文鏡《ぶんきょう》）の妃井上《いのえ》（光明皇后と敬福の三女）が即位して井上天皇《いのえてんのう》となり、表向きには、和新笠《やまとのにいがさ》（光明皇后の次女）の子であった他戸《おさど》親王を皇太子にした。すなわち、白壁王こと、のちの光仁・内裏天皇（宮廷内だけでの天皇代理役）は井上《いのえ》の後見御門役《みかどやく》（儒者風の呼び名）となったのである。

光明皇后と百済王敬福の次女・和新笠《やまとのにいがさ》（高野新笠《こうやのにいがさ》）の夫は、敬福の第一夫人の子・武鏡《ぶきょう》であった。武鏡と和新笠《やまとのにいがさ》（武鏡の第一夫人）との間に子はなく、武鏡の第二夫人（百済系）から生まれたのが他戸《おさど》親王であって、和新笠《やまとのにいがさ》はこれを自分の子としていた。

ところが、そのうちに、光明皇后の三女井上《いのえ》内親王と、世《せ》幸男《さちお》こと白壁王文鏡（のちの光仁・内裏天皇）との間に早良《さわら》親王が生まれたのである。

法皇（実際には天皇と同格）となった道鏡も、表向きは百済王《くだらのこにきし》敬福《きょうふく》の子であったから、兄弟三人と姉妹三人の〝変則的な結婚〟という複雑な関係になってしまうが、これを整理すると次のようになる。

①法皇・道鏡（百済王敬福の四男／七一九年～七七二年）と孝謙・称徳天皇（光明皇后の長女／七一八年～七七〇年）夫婦から、山部親王（のちの桓武天皇）が生まれた。

②出羽守・武鏡（百済王敬福の次男／七一二年～七八七年）と和新笠《やまとのにいがさ》内親王（光明皇后の次女／七二二年～七八九年）夫婦から、他戸《おさど》親王が世に出された。

③陸奥守・文鏡（百済王敬福の長男・白壁王／七〇九年～七八一年）と井上《いのえ》内親王（光明皇后の三女／七二四年～七七五年）夫婦から、早良《さわら》親王（のちの早良天皇）が生ま

れた。

（※ここに記された人名のカッコ内の生存年代は、筆者の責任において記入した。恐らく間違いないと思うが、読者も熟慮・考察していただければ幸甚である）

この三組の夫婦は、三組とも百済王の父を同じくする兄弟と、聖武朝廷の皇后である母を同じくする姉妹同士の結婚（王族同士の変則的結婚）であった。

この「父を同じくする兄弟と、母を同じくする姉妹による三組の夫婦」が、はからずも同族（藤原氏）間の紛争の火種となった。日本の支配者である天皇位をめぐる争いは、兄弟や姉妹の間でこそ格別に激しかったのである。

こうした系図を正しく認識しないと、この時代の歴史は絶対に理解できない。

さすがの鹿島昇もそこまではわからず、亡くなるまで痛々しいほどの試行錯誤を続けた。鹿島昇の研究は、内外の夥《おびただ》しい文献渉猟が主な方法であったが、それらの文献が、意図的に偽りを記し、何次にもわたって改竄されているので、とても歯が立たなかったというのが実際のところであろう。

日本の歴史は、何百年にもわたって、きわめて優秀な東アジアの多くの頭脳が、その知力を傾けて、丁寧に丹念に改竄し続けたものである。それを、ほんの僅かなほころびから改竄があると見つけていくというのは、実に大変な作業である。

その意味では、見事に改竄した頭脳もさることながら、これはおかしいと気がついた鹿島昇も故・中原和人氏も、もうそれだけで流石《さすが》なのである。

光明天皇が見た〝真夏の夜ノ夢〟

さて、天平九年（七三七年）七月、光明皇后（四十一歳）はある夜、夢を見た。それは、三人の姫たちが釈迦如来像の前で舞う〝天女の舞い〟姿であった。そのころ、長女高野《こうや》姫（仏教用語で満月姫の意）は十九歳、次女和新笠《やまとのにいがさ》（高野新笠《こうやのにいがさ》）は十五歳、三女井上《いのえ》（幼名は不明）は十三歳、いずれも美貌の内親王たちであった。

この話を聞いた吉備真備と玄昉らの〝舶来・新帰朝〟グループは、大仏建造計画を推進するための一案を立てた。たまたま、その頃進められていた「興福寺西金堂《さいこんどう》」の本尊釈迦如来に随侍する八部衆像の目玉として、「三面六臂の阿修羅像」が考案されたものであろう。

光明皇后の夢を再現する「吉備真備らのプラン」は、次のようなものであったか。

本尊釈迦如来像の前に現れたバラモン僧上（純血アーリアン）が、まず金鼓（華原磬《かげんけい》）

を鳴らす。その鐘の音が鳴り止まぬうちに、三面六臂の阿修羅像が、始めは緩やかに天女の舞いを踊り出す。だが、しょせん、阿修羅は天界の支配権を巡って帝釈天と争う宿命であったから、踊りは次第に激しさを増し、闘いの様相をおびていく。それにつれて、緊那《きんな》羅《ら》・迦楼羅《かるら》・沙羯羅《しゃから》・鳩槃茶《くばんだ》・乾闥婆《かんたつば》・畢婆迦羅《ひばから》・摩睺羅伽《まごらか》の〝天竜八部衆〟の面々も加わり、異相群像たちの華麗・勇壮な乱舞が仏前（神前）に奉納されていった。

この仏前（神前）への奉納舞は繰り返し行われるようになり、日ごと夜ごと東大寺大仏開眼供養会まで続けられ、人々の神仏信仰への関心を高めていったことであろう。

その由来を今の世までも伝えているこれらの仏像は、脱活乾漆造《だつかつかんしつづく》りで、麻布《まふ》数枚を貼りかさね、木屎《こくそ》などと麦漆《むぎうるし》を練り合わせたもので細部を仕上げている。このような仏像、または神像内を空洞で造る方法は、インド亜大陸またはセイロン島（スリランカ）で始められた手法であろうが、麻布《まふ》の張合せや麦漆《むぎうるし》を用いる工法は、縄文時代の昔から創始され、倭人の得意とする技法であった。

最近、ＮＨＫの番組でこの問題について放送しているが、歴史家が縄文時代や弥生時代の歴史を判らなくしているものだから、わが国においても〝旧い職人文化〟が失われて、「それらの貴重な技法がよく判らない」という現況を伝えている。

また、松島健氏は、「天平六年（七三四年）、光明皇后は母橘三千代の一周忌供養のため西金堂を建立し、二十八躯からなる釈迦浄土変群像を安置した」と述べている。

だが、橘三千代は不比等の正妻で、光明子（安宿媛《あすかべのひめ》）の生母ではない。つまり義母であったから、「その一周忌供養のため西金堂を立て釈迦浄土変群像を安置した」という解釈は少々的外れなのだ。実際は、天平九年（七三七年）夏以降の出来事だったのであろう。でなければ、話のつじつまが合わない。

天平十三年（七四一年）三月、国分寺・国分尼寺建立の詔を降す。

同十九年（七四七年）、新薬師寺・石山寺創建。

天平感宝元年（七四九年）二月、陸奥国より黄金を献上、行基死す（八十二歳）。四月、改元。七月、孝謙天皇（阿倍内親王）即位、改元。十月、大仏鋳造終る。

天平勝宝四年（七五二年）三月、遣唐使藤原清河・大伴古麻呂・吉備真備ら出発する。四月、「東大寺大仏開眼供養会」が盛大に開催され、東アジア各国の貴賓および僧侶らが多数来日し、美々しい行列パレードを仕立ててにぎにぎしく参列した。

同六年（七五四年）正月、唐僧鑑真来日して、律宗および戒壇律を伝える。

続いて翌年（七五五年）九月には、唐天子の命により、東大寺に講堂・戒壇院を設け、皇族・王族たちへの授戒式を行い、唐僧たちによる戒壇律の法が定められた。

天平勝宝八年（七五六年）五月、聖武天皇崩ず（五十六歳）。この頃、光明皇太后が東大寺正倉院に聖武天皇の遺品を納めている。

天平宝字四年（七六〇年）六月、光明皇太后崩ず（六十歳）。

翌年十月、孝謙上皇が近江保良宮《ほらのみや》に行幸し、巫僧となった百済王道鏡と再会して二人の〝恋愛関係〟が復活した。公卿高官の手に成る〝小説の類〟、すなわち『大鏡』や『水鏡』の作者はそれを知らないものだから、称徳女帝が、

「道鏡！　それは膝ではないかえ?」

と言ったという、観てきたような風評をたて、大方の公卿たちもその噂を信じるフリをしたという。いつの世にも、上手に金をもうける〝トップ屋〟はいるものだ。と、これは余談。

天平宝字八年（七六四年）九月、恵美押勝《えみおしかつ》（藤原仲麻呂・五十六歳）は孝謙上皇の愛情と信頼を失って反乱を起こし、近江・琵琶湖畔で誅された。十月、孝謙上皇は淳仁《じゅんにん》天皇を廃して淡路に流し、自らは重祚《ちょうそ》して称徳天皇となった。

天平神護元年（七六五年）十月、淳仁《じゅんにん》帝崩ず（三十三歳）。道鏡は太政大臣禅師となり、翌年（七六五年）十月、法王位に上って、さらにその翌年（七六七年）三月には法王宮職を置いている。

神護景雲元年（七六七年）七月、伊勢大神宮寺に丈六大仏を置く。

宝亀元年（七七〇年）八月、称徳天皇崩じ（五十三歳）、道鏡を下野《しもつけ》（旧扶桑国）薬師寺別当におとす。同月、井上《いのえ》天皇（光明皇太后の三女井上《いのえ》内親王＝白壁王の王妃）即位、改元。他戸《おさど》親王を皇太子とする。十一月、良弁《ろうべん》死す（八十五歳）。

宝亀三年（七七二年）四月、道鏡死す（五十四歳）。下野薬師寺に墓がある。

宝亀四年（七七三年）正月、藤原百川《ももかわ》（式家統領）の大活躍（白壁王への直訴）により山部親王（称徳天皇と法王道鏡の子）が立太子した。こうして、井上《いのえ》天皇および内裏天皇こと白壁王朝廷の中に、二人の皇太子が並立することとなった。

宝亀六年（七七五年）四月、井上《いのえ》天皇（五十二歳）と他戸《おさど》皇太子がともに崩御。これはおそらく、藤原氏の内紛（南家と式家の対立）に巻き込まれ、暗殺されたものと思われる。

同年十月、白壁王が（正式に）即位して光仁天皇となった。

宝亀十年（七七九年）二月、淡海三船《おうみのみふね》が鑑真和尚来日の真相について、「唐大和上東《とうのだいわじょうとう》征伝《せいでん》」を著す。七月、藤原百川没す（四十八歳）。『帝王編年記』に「百川頓死」とあるが、実際には「落雷による頓死」だったようである。

天応元年（七八一年）正月、『日本書紀』には、「光仁天皇譲位し、桓武（山部親王）即位して天応と改元する」とあり、『日本史年表』には「一月、改元。四月、皇太子即位、皇弟早良《さわら》親王立太子。八月、蝦夷平定。十二月、光仁天皇崩ず（七十三歳）」とある。さてさて、いずれが正しいのであろうか。

桓武時代に起こった「古代南北朝」の対立抗争

さて、宝亀六年（七七五年）以来続いてきた二人の「皇太子」が並存する「奈良朝廷」の変則的な権力機構にも、ようやく決着をつける時がやってきた。

国史では、山部皇太子が即位して桓武天皇となり、皇弟・早良《さわら》親王が立太子したようになっているが、実はこの時、法王道鏡の子・山部は桓武天皇として平城京に「南朝」を建て、光仁天皇（白壁王文鏡）の子・早良は、早良《さわら》天皇として長岡京に「北朝」を建てた。すなわち、日本における古代南北朝対立抗争（藤原氏の内紛）の本格化である。

延暦三年（七八四年）十一月、長岡京に遷都（実は早くからの北朝京であった）。

延暦四年（七八五年）七月、淡海三船《おうみのみふね》（伊勢国系のガゾ族朝臣《あそん》）死す（六十四歳）。八月、大伴家持《おおともやかもち》（旧安羅国系のレビ族朝臣）死す（六十八歳）。九月、藤原種継（式家の統領朝臣四十九歳）の暗殺事件を契機に北朝側が敗れたため、早良《さわら》天皇は廃されて淡路へ流される途中で没した。早良《さわら》天皇は皇統譜にはないが、のちに崇道《すどう》天皇と諡《おくりな》されている。

この事件の経緯は、前著『検証！　捏造の日本史』二三五頁「長岡京遷都と『種継暗殺事件』」の項に本邦初発表説として詳述されているので、ぜひご高覧されたい。

延暦七年（七八八年）、僧最澄が比叡山寺（のちの延暦寺一乗止観院）を創立。

同八年（七八九年）六月、蝦夷（東北）荒吐五王《あらとごおう》の水軍および農民軍を征伐する官軍が敗れ、再軍備に取り掛かる。

同九年（七九〇年）、この頃までに「万葉集」が完成した（?）

同十年（七九一年）七月、大伴弟麻呂《おとまろ》を征夷大使に、坂上田村麻呂《さかのうえ》（碧眼《へきがん》クシャトリアの唐人・外人傭兵将軍）を同副使に任命する。百済王俊哲（敬福《きょうふく》の弟・理伯の子）が鎮守府将軍となり、征討の軍士十万人を徴集する。

延暦十一年（七九二年）から同十四年（七九五年）の五年間について、『続日本紀《しょくにほんぎ》』は欠落している。これは、当時、南北二王朝勢力が並存し、国の支配権をめぐる争い「アテルイの乱」が継続していた史実を隠すため、桓武天皇が焚書させたためである。後世の南北朝時代（十四世紀）、南朝将軍として転戦中の北畠親房《きたばたけちかふさ》が陣中で著したという『神皇《じんのう》正統記《しょうとうき》』にもそのことが明記されている。

同十三年（七九四年）十月、秦氏（レビ族系の東漢氏《やまとのあやし》グループ）の努力によって新都として整備された平安京《へいあんきょう》に遷都し、南朝政権がようやく安定し始めたが、延暦年間の南北朝の対立は長く尾を引くこととなった。

藤原氏（ユダヤ系とウガヤ系を足して二で割ったような勢力）の内紛は、新羅系・東日《つが》流《る》水軍が巻き返しを謀る呼び水となり、藤原南家系・新羅花郎《かろう》系・旧駕洛《から》系などの豪族が同盟して北朝勢力となり、桓武朝廷に対する戦乱が再発した。

延暦二十年（八〇一年）九月、征夷大将軍・坂上田村麻呂が、蝦夷の乱を平定した。

同二十一年（八〇二年）一月、坂上田村麻呂が胆沢城《いさわじょう》を築き、鎮守府を移して東国の俘囚四千人を配置する。五月、富士山噴火。足柄路を廃し、箱根路を開く。

同二十二年（八〇三年）三月、防衛のため志波城を築く。五月、足柄路を復旧する。

同二十三年（八〇四年）正月、再び「荒吐五王《あらとごおう》の乱」が再発したため、坂上田村麻呂を征夷大将軍に再任する。三月、遣唐使・藤原葛野《かどの》麻呂らが出発し、翌年七月に帰った。

同二十四年（八〇五年）八月、僧最澄帰朝し、天台宗を伝える。十二月、藤原緒継《おつぐ》（式家統領）の建議により、財政不足を理由に「征夷（軍事作戦）と造宮（内裏増営工事）」を停止することに決した。

大同元年（八〇六年）三月、桓武天皇崩ず（七十歳）。平城《へいぜい》天皇（安殿《あて》太子）即位、改元。皇弟神野《かみの》親王が皇太子役となる。六月、王臣寺家の山沢《さんたく》（山野）占有を禁ず（神社仏閣の建立制限を詔すも効果なし）。八月、僧空海帰朝し、真言宗を伝える。

だが、最澄（伝教大師）空海（弘法大師）らの「神仏信仰による平和到来」への祈願も空しく、血にまみれた王朝交代劇はその後も繰り返されていった。

光明皇后の夢は「正夢」となった

以上のように順序を追って歴史を検証してみると、天平九年（七三七年）七月、光明皇后が観た「眞夏の夜の夢」は、まさに「正夢」となったことがよく理解されるのである。

奈良王朝の新羅にしろ、平安王朝の百済にしろ、朝鮮から渡来した王朝＝「朝鮮の宮廷」が日本に持ち込まれていたことがよく判る。

さて、奈良平城京の政権は新羅の王朝であったが、都を長岡京から京都に遷したのち、平安時代になって大きな転換が起こり、百済の政権が出来た。この百済王族の政権に〝天孫降臨〟のガド族・猿田彦の後裔（神官系の）宮子の血が入っている。これは一種のクーデターであり、歴史上の大問題であった。

空海（弘法大師）は唐に渡って真言密教を授かったのだが、そのとき、キリスト教ネストリウス派の教義を享けて『聖書』を取得していたといわれている。空海の「月輪観《がちりんかん》」とは月神エホバ（ホバール＝バアル）のことであり、「阿字観《あじかん》」とはバアルのことである。つまり、キリスト教は仏教の仮面をつけてすでに平安時代の日本に入っていた。だから、聖徳太子の〝馬小屋誕生〟説話は、桓武天皇が焚書したのちに『記紀』が改竄される過程において〝編み出された〟可能性が推定されるのである。

厩戸皇子《うまやと》（聖徳太子の幼名）の誕生説話は、おおよそ次のようになっている。

欽明天皇《きんめい》（百済二十四代東城王《とうせい》がモデル）三二年（五七一年）の春正月、穴穂部間《あなほべのはし》人皇女《ひとのひめみこ》の眼前に金色の僧侶が現れ、「我に救世の願いあり。しばらく皇女の腹に宿る」と告げた。皇女が名を尋ねると、「西方の救世《くぜ》観音菩薩」と名乗り、皇女が「仰せのままに」とうなずくと、金色の僧は皇女の口中に飛び込んだ。その年の四月、欽明天皇が崩じた（六十三歳）。

翌、敏達《びたつ》天皇（百済二十五代武寧《ぶねい》王がモデル）元年（五七二年）元旦、皇女が宮中を見回って厩戸に来たとき、子どもを産み落とした。このことから、厩戸皇子と呼ばれるようになった。

さて、厩戸皇子の誕生以前の予言部分の話は、天使ガブリエルによるマリアへの受胎告知の話に酷似しており、イエス生誕伝説とそっくりである。厩戸皇子伝説にはキリスト教の影響があると指摘したのは、歴史学者の久米邦武氏（一八三九年～一九三一年）である。

そんな昔にキリスト教が影響していたはずはない、というのがいまの日本の常識だが、東大寺の正倉院には、古代ローマやヨーロッパの工芸品などが納められているわけだから、宗教や思想も当然伝わっていたと考える方が自然である。

それに、七世紀に唐で流行《はや》っていた景教《けいきょう》は、実はキリスト教の一派であり、空海なども大きな影響を受けている。というのも、真言密教における作法とカトリックのミサの作法があまりにも似ているからである。正倉院が建てられた頃（八世紀）、古代ローマの文物が日本に入っていたにも拘わらず、天文十八年（十六世紀）、フランシスコ・ザビエルがやってくるまで千年近くもキリスト教の影響なしできたと考えるほうが不自然なのだ。

ちなみに、以下のようなことも独自にわかってきた。

1. 空海が建てた真言密教の道場「高野山」の〝コーヤ〟とは、ヒンドゥー語またはセイロン島の仏教用語で、〝満月〟を表す。すなわち、大日如来（太陽・宇宙神）を支える月神の聖地（ハレルヤ）〝満月輝く高野山〟としたものであろう。

2. 『日本書紀』の修史官がどういう人物であったかを調べると、「失われた古代ユダヤ民族十部族」のうち、日本に亡命して来たシメオン族の族長・藤原不比等らのユダヤ人ラビ（律師）たちである。彼らが、新旧両方の『聖書』の知識を基に、百済の歴史を借りて厩戸皇子伝説をつくり上げたのであろう。

こうしてみると、弥生時代以後、猿田彦らのイスラエル教（ユダヤ教）と卑弥呼らの鬼道が融合して日本の神道となっていたことがわかる。

加えて、白村江の敗戦後、日本人の「敗戦後遺症」を払拭するため、キリスト教も仏教も合流して神仏混交の八幡大菩薩神を信仰する「統一総合宗教」へと昇華させた。

これがやがて鎌倉・吉野朝時代の「八幡大菩薩信仰」となり、戦国〜江戸時代の「権現信仰」となっていったものであろう。

これらのわが国・宗教改革＝「密教布教」方針は、養老四年（七二〇年）に創始された石清水放生会《ほうじょうえ》（毎年八月十五日に開催された全国神官会議）でひそかに打ち出されるようになった。

石清水八幡宮の「放生会」

三世紀初頭、神武勢力によって東表国が滅んだのち、宇佐八幡宮の祭神（ウサツヒコ・ウサツヒメの神霊）は周芳《すは》国徳山《とくやま》（山口県周南市）に遷されて、旧石清水《きゅういわしみず》八幡宮（遠石《といし》八幡宮／遠《とお》つ石清水《いわしみず》の社《やしろ》）となっていた。そして、白村江の敗戦後の養老四年（七二〇年）以後は、それまで遠石《といし》八幡宮で行われていた〝海の放生会《ほうじょうえ》〟（隼人《はやと》退治語り）を〝川の放生会〟（傀儡子《くぐつ》語り）にして山城国男山（京都府八幡《やわた》市）に遷し、新石清水八幡宮として鎮座していた。

前述のとおり、放生会では「全国神官会議」にて宗教改革が開催されたが、その〝秘事〟を隠すため、南朝系天皇家の公卿側では「石清水放生会」行事のみのこととして公表していた。それがようやく解除され、公式には貞観二年（八六〇年）、幼《おさな》い清和《せいわ》天皇の摂政・藤原良房《よしふさ》（北家《ほっけ》統領）の世代、山城国男山に遷座して今日の石清水八幡宮となったのである。

『広辞苑』には、「元官幣大社。祭神は誉田別尊《ほんだわけのみこと》（応神天皇）・息長帯姫尊《おきながたらしひめのみこと》（神功皇后）・比売神《ひめかみ》（海神・玉依媛《たまよりひめ》）の三座。奈良時代～平安時代を通じて歴代朝廷の崇敬篤く、鎌倉時代以降は源氏の氏神として武家の尊崇も深かった。例祭は九月十五日、伊勢神宮・賀茂神社とともに三社の尊称がある。別名を男山八幡宮ともいう」とある。

唐の手先となった統一新羅＝朝鮮民族の歴史

ここで、統一新羅となった朝鮮民族の歴史を回顧してみよう。

古代朝鮮（日本の縄文時代から弥生文明にかけての時代）には、先住民であるオロッコ人（オロチョン）の上に、苗族《ミャオ》（バンチェン人）と混血したツングース（アイヌ人）がいた。そして、陸と海のシルクロードを渡って来たチュルク人（トルコ人）やフェニキア人（海人族）もいた。

加えて、秦帝国以後の「古墳時代」に誕生した朝鮮諸国についてみると、高句麗《こうくり》（高麗《こま》）人はツングース（アイヌ人）とフェニキア人との混血であり、百済人（扶余人）はヒッタイト人とフェニキア人との混血である。また、統一新羅の新羅人（朴・昔・金の三姓大族＝慶尚南道の熊襲《くまそ》族）は匈奴《きょうど》（フン族＝フィン族とアエタ族の混血人）とフェニキア人との混血である。

これら多くの部族グループが、こもごも朝鮮を支配していたから、今まで政争が絶えなかった。また、かたくなに朝鮮人が固守する「本願制度」が、リベラル社会への移行と朝鮮民族同士の融合（混血）を妨げてきた。

十四世紀末（一三九二年）から二十世紀初頭（一九一〇年）にかけての「李氏朝鮮時代」には、中国系の朱子学が残っていたが、歴史や言語は高句麗系のままであった。インド系の中山国《ちゅうざん》およびフェニキア系奇子《きし》朝鮮の文化、並びに大扶余・駕洛国などの倭人文化は、檀君教または檀君教団諸派として残るだけである。朝鮮では昔から現代まで、いい意味での本当の「文化革命」または「宗教改革」は行われていない。このような、真に融合しない多民族国家では、いつまでも部族抗争が絶えないのである。

八世紀の唐帝国からすれば、朝鮮を「従属国」として扱うには、統一朝鮮が再び分裂してもとの三国時代のようになるほうが好都合だったのであろう。

伊勢神道・九鬼神道・密教の根底には、同じものが流れている

これまで述べてきたように、日本の国はユダヤ人の影響を大きく受けている。それは日本の文化にどういう形で残されているのであろうか。
◎民謡の囃《はや》し言葉は、ほとんどがユダヤ古語であり、伊勢音頭や東北の三戸から五戸付近の「ナギアド・ヤーラ」などは、歌詞が全部ユダヤ古語であるという。
◎伊勢神宮に奉安してある神鏡（世界一の青銅鏡）八咫鏡《やたのかがみ》（天の岩戸開きのとき中枝に飾られた神鏡）の裏面に、ユダヤの古語で「エイエ・アセル・エイエ」すなわち「われありて、あるものなり」と記されているという。ちなみに、この八咫鏡の裏面は森《もり》有礼《ありのり》などが目撃したといわれる。また、一説に、『竹内文書』の研究家・高坂和導氏によると、八咫鏡には神代文字が記されていて、矢野祐太郎氏がそれを写し採ったと

して公表している。調べてみると、これらの説が正しいようである。

これに関連して、伊勢の海岸も「アセルの浦」、すなわち「阿漕《あこぎ》ヶ浦」（古語の吾《わが》浦《うら》）と呼ばれる。
◎伊勢神宮の周辺には「蘇民将来」伝説があるが、これはユダヤ神話の「過ぎ越しの祭り」の焼き直しであり、「備後国風土記」にも同じ内容のものがある。朝鮮の田舎では「蘇民将来之子孫海州后人」と赤い紙に書いて門戸に貼り、魔除けにしている。
◎『九鬼《くかみ》神伝全書』（九鬼文書）によれば、熊野神道は自ら蘇民将来の子孫と称し、「鬼神」を祀っている。したがって、熊野神道とは卑弥呼の「鬼道」と同一であり、そのルーツはバアル教である。九鬼神道《くかみしんとう》の最高神は鬼門大金神《きもんだいこんじん》であり、次神が牛頭天王《ごずてんのう》であるが、牛頭天王はスサノオである。同時にバアル神のことでもあるから、その上位にある鬼門大金神はバアルの父ダゴンまたはエルである。
◎九鬼神道は密教を取り入れて錯綜しているが、別のところでは最高神を「太元神《だげん》」、すなわち「ダゴン」と書いているし、また「宇志採羅金神《うしとらこんじん》」とも書き、大本教《おおもときょう》はこれに「艮」（うしとら）の字を当てている。
◎「九鬼神道」は、この主神「太元神」のまわりに天照大神ほかの八神を飾っているが、

これが伊勢神宮にある八咫鏡の裏の写しだ！　同書によると、これを読み下すと「天日神清ら鏡に玉剣、独り皇よかけるもなく、吾をなるかし」という意味になるという（『超図解　竹内文書Ⅱ』高坂和導・著、徳間書店より）

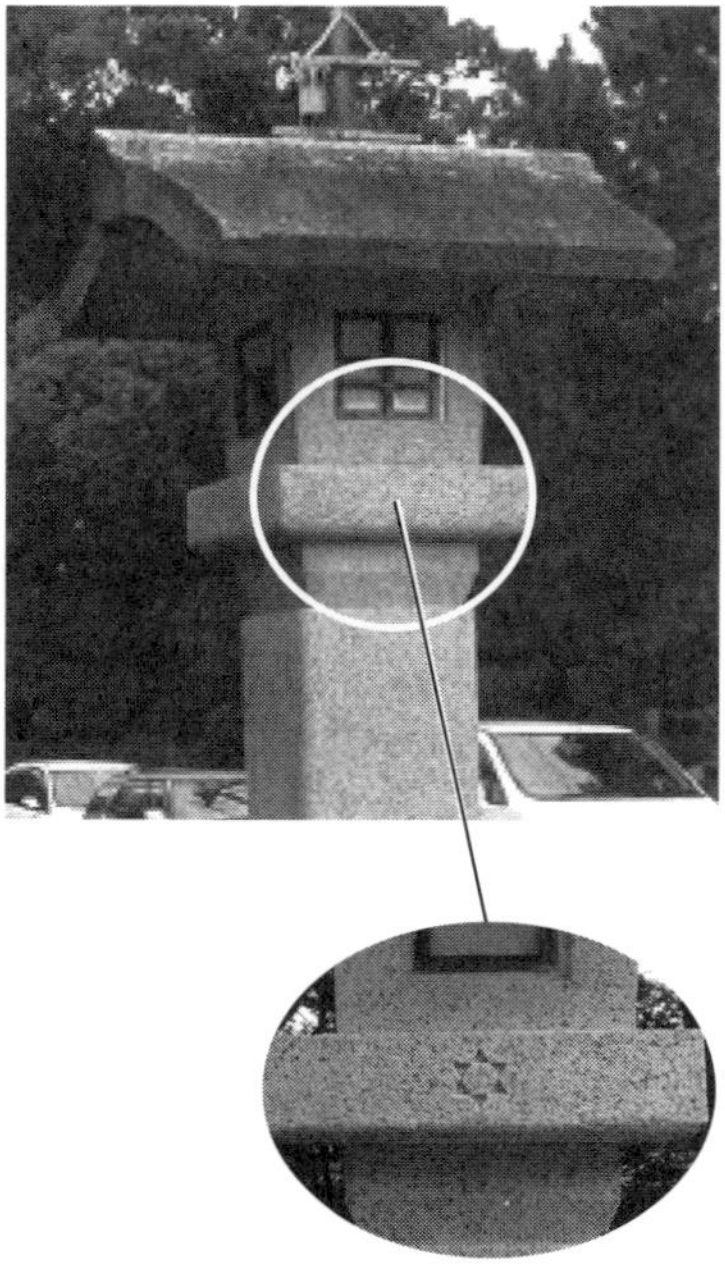

伊勢神宮の石燈籠にはダビデ紋があることに注目

鬼門大金神像（右）と牛頭天王画像（両方とも百済河成《くだらのかねなり》筆。『九鬼神伝全書』より）。牛頭天王はスサノオでバアル神であり、鬼門大金神はバアルの父ダゴンまたはエルである

金剛界曼陀羅
（元禄本、東寺蔵）

胎蔵界曼陀羅
（元禄本、東寺蔵。両方とも『真言密教の本』学習研究社より）

「密教」ではマハーヴァイローチャナ（大日如来）のまわりにインドラ（金剛手菩薩）以下の八神を飾っている。この八神図の天照大神は、アシュラトゥ・ヤンミであり、スサノオ神はバアルである。そして、密教のインドラはダゴンのことだから、九鬼の八神図は密教の八神図（別掲「曼荼羅」図参照）と同一であることが判る。つまり、九鬼の修験道は密教と同じ宗教であった、ということである。

天皇家のピンチを救った〝神官会議発案〟の「宗教改革」

三世紀に秦王国（日本ユダヤ王朝）を建てた豪族たちのうち、蘇我氏（金氏）は製鉄を発明したヒッタイト人だが、彼らとフェニキア人（海人族）の混血がウラルトゥ人である。ウラルトゥ王国は、前十世紀頃から前五八五年まで、今のトルコ東部のヴァン湖周辺にあった国で、最初の王をアマテルといった。このウラルトゥ人が中央アジアを経由し、満州に入って建てた国が扶余国である。

その後、朝鮮半島の国となり、さらに日本に渡来して天皇家になっていく。だから、女神天照大神の元になっているアマテルは本来男神であった。また、神武の父親はウガヤフキアエズ尊となっているが、これは世襲王名というよりは王朝名で、本当は五十代～七十代以上の家系歴を持っている。

こうした長い歴史を持っているという点で、われわれの天皇家は、鹿島昇が言うように八回ほど血脈は絶えているが、シバの女王の時代から続くといわれるエチオピアの皇帝（一九七五年廃止）と並んで、神統の長い歴史を持っていることになる。

その天皇家が治める「邪馬壱国・倭国および秦王国・俀《たい》国」改め日本国が、七～八世紀、白村江の敗戦により唐・新羅に占領されて、亡国の淵に立たされた。そのピンチを救ったのが、石清水放生会《ほうじょうえ》として行われていた神官会議発案になる「宗教改革」であった。

唐の高宗をモデルとする東大寺大仏建立の大事業推進を祈願するため、藤原氏の氏寺・興福寺西金堂の釈迦如来像前で日夜奉納された天竜八部衆による〝天女の舞〟のおかげか、それとも奴隷として奉仕させられた倭人たちの〝国権回復〟への祈りが通じたのか、天平勝宝三年（七五一年）、盧遮那大仏は鋳造し終わり、翌四年（七五二年）四月には、東大寺大仏開眼供養会が盛大に開催されたのであった。

当時、文武五年（七〇一年）に誕生し、文武《もんむ》天皇（新羅三十代文武王の子・軽皇子《かるのおうじ》）と宮子（文武《もんむ》皇后。実は不比等の愛妻）の子とされていた首皇子《おびとおうじ》は、成人して聖武天皇となった。この聖武天皇は、東大寺完成を機に退位して上皇となり、公式には聖武皇后であった光明子も光明皇太后となった。

　このとき、三面六臂の阿修羅像モデルである高野姫こと阿倍内親王が即位して孝謙天皇となっている。だが、朝廷の権力は光明皇太后が掌握し、皇后宮職を紫微中台に昇格させて官位を定めたりした。

則天武后と光明皇后（その一）

☆　☆　☆

陳舜臣《ちんしゅんしん》は『中国の歴史』第七巻「隋唐の興亡」の中で、次のように述べている。

　唐の則天武后、すなわち武照（武則天）が皇后に立てられたのは、永徽《えいき》六年（六五五年）のことであった。夫の高宗（太宗李世民の子・李治。享年五十六歳）は六八三年に死んでいるが、政務を執ることのできない健康状態が長く続いたので、実際に政治を行っていたのは皇后武則天であり、高宗の死後も権力を保ったまま、神竜《じんりゅう》元年（七〇五年）十一月に亡くなった。その享年については、七十七歳説から八十三歳説まで囁かれている。いずれにしても、この女性は、実に半世紀（五十年）にわたって政権を握っていたのである。

唐の律令《りつりょう》は、隋の制度を踏襲したものであり、三省六部の官僚機構が整備されていた。それを動かすのは天子の勅を受けた行政府の尚書令（首相）であったが、人材を見出し、養成することにかけては、武則天は定評があった。隋の煬帝《ようだい》が専横を続けて国力を消耗したあと、唐は失われた国力を回復するため、中央も地方も、官制・官僚機構を整備する努力を続けた。人物鑑定の名人であった武則天の時代、中央上層ではさまざまなことがあっても、すくなくとも中堅以下の官僚機構はしっかりと動いていたのである。

その女《ひと》は不思議な人物であった。武則天は政治にのめりこみ、女であること、妻であること、母親であること以前に、彼女は政治家であった。これはもう、一種の政治の化け物としかいうほかはない。この政治の化け物のおかげで、人材が養成され、盛唐（唐の極盛期）の玄宗《げんそう》皇帝がその遺産を受け継いだのである。

時代は（七世紀中期の）高宗期だが、朝鮮半島の高句麗とその同盟国である百済を滅亡させたことも、武則天の功績の一つに加えて差し支えないと思う。唐代の美女は、凛々しく体格が良いのが条件であったものか、この時代の絵画、あるいは唐三彩《とうさんさい》などの女性をみると、たいていよく肥《ふと》っている。楊貴妃《ようきひ》も体格が良かったようで、武則天も太平公主《たいへいこうしゅ》も、おそらくグラマーだったと思われる。さらにこの時代、女性は跨《また》がって馬に騎《の》るようになった。それまでは、女性は両脚をそろえて、鞍《くら》に横坐りになっていたのだが…。このようなことも、この時代の女性気質を物語る風俗であった。

また、武則天は従来盛んであった隋・唐の道教信仰に替えて、仏教信仰への傾倒が目立つようになった。宮中儀式などにおいても、道教道士の入場や場所が僧侶より先になっていた「道先仏後」の習慣を改め、これを「仏先道後」の方式に改革した。高宗の崩御後は「周」という自分の王朝を創り出したのだから、もう唐王朝のご先祖をそれほど大切にすることはないと考えたのであろう。

このように、唐代の仏教史上、武則天の影響を忘れることはできないのである。

（※カッコ内は筆者補筆）

☆　☆　☆

則天武后と光明皇后（その二）

さて、唐の都・長安からの新帰朝者・吉備真備らから教えられ、皇帝治世の手本となる

〝則天武后の業績〟を見習った光明皇后（不比等と宮子の次女。三十七歳）と百済王敬福（ウガヤ王朝の直系王族。四十歳）は、聖武天皇（光明子より七歳年下の弟。三十歳）を操り人形にして皇后宮職を中心に権力を握り、敬福が初代光仁内裏天皇（朝廷内だけで通用する代理役）となって政務を執った。つまり、名目上の新羅系天皇は聖武であるが、実質的には光明子の夫、百済王・敬福が代役を務める光仁内裏天皇となり、二人で宮廷公務をこなしていたのである。

この二人が朝廷内で夫婦となり、新生日本の天皇家を確立していった。その盛況を祈念して作られ、興福寺の西金堂に奉納されていった本尊随侍像の一躯が、その三人の姫をモデルとする三面六臂の阿修羅像だったのであろう。

されば、この神像とも見え、仏像とも見える「三面六臂の阿修羅像」は、全国神官会議で打ち出された日本の宗教改革＝「八幡大菩薩信仰」または「密教布教」方針の象徴ともいえるものであったとも考えられるのである。

空海と「真言密教」

空海（弘法大師）は、讃岐（香川県）善通寺市の豪族佐伯氏（シメオン族）の出身である。四国および瀬戸内海一帯は、古墳時代から秦王国（俀《たい》国）の支配下にあったが、讃岐佐伯氏もその国　造《くにのみやつこ》（地方長官）の流れを継いでいたのであろう。

空海は奈良時代末の宝亀五年（七七四年）に生まれ、伊予親王（桓武天皇の皇子）に学問を授けたほど碩学であった阿刀大足《あとうのおおたり》（母方の叔父）に『論語』を学び、延暦七年（七八八年）、十五歳の時、大足に伴われて奈良の都に出た。

大学では明経科で『春秋』などを学んでいたが、勤操僧上《ごんそうそうじょう》（三論宗の碩学僧）と出会い、密教の法である「虚空蔵求聞持法《こくうぞうぐもんじほう》」を授けられた。以来、青年時代はひたすら密教の修行と研究に打ち込み、その修行僧として、阿波（徳島県）の大滝ヶ岳や土佐（高知県）の室戸岬など人跡未踏の霊地を選んで厳しい修行を続けたという。また、大和（奈良盆地）の久米寺東塔《くめじとうとう》で「大日経」を見つけ、その研究を一人で深めていった。

こうしていつしか、仏教および密教教義の真髄を追求する修行僧となっていたのである

（三十歳）。

延暦二十三年（八〇四年）七月、遣唐使船の第一船に便乗した空海は、遣唐大使藤原葛《かど》野麻呂《のまろ》とともに長安の都に入った。そして直ちに、当時の中国で密教の第一人者であった恵果阿闍梨《けいかあじゃり》を青竜寺《しょうりゅうじ》に訪ねた。すると恵果《けいか》（七四六年～八〇五年）は、空海に、一尊法を伝える受明灌頂《じゅみょうかんちょう》を再三授けて空海の器量を確かめたのち、最後に、数千人ともいわれた中国人の弟子たちの中から唯一人空海を選び、胎蔵界法《たいぞうかいほう》と金剛界法《こんごうかいほう》の両部の大法を伝授したのである。

通常、日本留学生《るがくしょう》の就学期間は二十年間であったが、空海はわずか二年で密教の秘法を恵果から授けられた。恵果は、密教正系を継ぐ者として師の不空《ふくう》（スリランカの竜智《りゅうち》に密教を学んだ不空三蔵法師。七〇五年～七七四年）から授けられていた「法と宝物」を、すべて空海に与えた。無論、正当な謝礼をした上でのことであったろう。

大同元年（八〇六年）八月、最澄（伝教大師）の帰朝から一年遅れて帰国した空海は、インド密教の正統を継ぐ人物となっていた。

恵果の密教では、そのときすでに大日如来を中心にして多数の尊像を整然と位置づける「独特の体系」が出来上がっていた。祭壇には、根本の経典となる胎蔵界曼荼羅と金剛界曼荼羅を二幅一組とした両界曼荼羅図が本尊として掲げられていた。その中には、俀国・飛鳥時代の仏像には見られない姿をした尊像が多く、わが国への両界曼荼羅図の請来《しょうらい》は仏教の彫像・画像の種類を大きく増加させ、宇宙神（救世主尊像・菩薩像）を表現する美術＝画像および造像活動の様相を一変させるに至ったのである。

入唐八家

この時代（平安時代初期）に、最澄（伝教大師）の法系である天台密教からは、最澄（八〇四年）に続いて円仁《えんじん》（八四七年）・円珍《えんちん》（八五八年）が、空海の法系である真言密教からは、空海（八〇四年）に続いて常暁《じょうぎょう》（八三九年）・円行《えんぎょう》（八三九年）・恵運《えうん》（八四七年）・宗叡《しゅうえい》（八六五年）らが、密教の秘法を求めて唐に渡り、多くの経典や画像を得て帰国している。

これらの「入唐八家」が請来した宝物は、『宇宙の真理を絵画で表す』というインド文化の伝統的成果（曼荼羅）であった。もともと中国へ伝わり、唐文化の精髄となっていたものが、わが国の仏教美術世界に集中的に請来されたのである。

空海の『御請来目録《ごしょうらいもくろく》』には、恵果が空海に語った言葉「真言の秘儀は、経疏《きょうそ》に隠密《おんみつ》にして、図画を仮《とが》らざれば相伝《そうでん》すること能《あた》はず」が記されている。

空海は、『真言密教』について次のように述べている。

「密蔵《みつぞう》（密教の秘法）は深玄《しんげん》にして翰墨《かんぼく》（筆書きの経典）に載せ難し。図画（曼荼羅図）を借りて悟らざる者に開示す。種々の秘儀、種々の印契《いんげい》（神との契約）は、大悲《だいひ》より出でて一覩《いっと》に（一見拝観したのちに）成仏《じょうぶつ》す。経疏に秘略にして之《これ》を図像に載《の》せたり。密蔵の要は実にここにかかれり」

これはまさに、「国の存亡をかけた宗教改革の真髄を観る思いがする」というべきではないか。長い伝統を誇る神統（バンチェン人ナーガ族）の皇族＝天皇家のピンチを救った神官会議発案の「宗教改革」は、これによって大きく前進したと言うべきであろう。

第二章

古代世界と日本の交わり

忘れられた長江文明

縄文主義者と自称する哲学者・梅原猛氏は『文藝春秋』一九九九年十一月特別号に、表題のようなエッセイを載せ、次のように述べている。

☆　☆　☆

一九九一年、当時国際日本文化研究センターの所長をしていた私は、旅の途中で何気なく中国の浙江省の河姆渡《かぼと》を訪ねた。河姆渡遺跡は、約七千年前の稲作農家が洪水によって埋まっていたのが発掘されたものであるが、その遺物には土間に積み重ねられたイネの束があり、それが発掘された時はきらきらと黄金色に輝いていたという。

約七千年前にここで稲作農業が行われていたことは驚きであったが、さらに私を驚かせたのは、出土したイネと並んで蚕《かいこ》の絵が描かれていたことである。ここで既に養蚕が行われていたことは、同じく出土したおびただしい機織り機と考え合わせても明らかである。それを見て、私は子どもの時に見た故郷の農村の風景を思い出した。秋には一面黄金色の稲穂が実り、刈り入れが終ると、農家はお蚕さんに占領されて、人の住む場所すらない。

そのような稲作農業と養蚕が既に約七千年前の長江下流域で行われていたのである。

私はそれまで、稲作農業は約五千年前に雲南地方で起こり、約三千年前に長江下流域に達し、約二千年前に日本に来たという通説を漠然と信じていた。しかも私は稲作農業にはあまり関心がなく、稲作農業以前の狩猟採集文明に強い興味を持っていた。率直に言えば、私は縄文主義者であって、弥生の稲作文明にはあまり関心がなかった。

しかし河姆渡遺跡を見てこのような考えは変わった。稲作農業は実に古い歴史を持っていた。しかも七千年前には既に絹の生産を伴っていたのである。西アジアやヨーロッパから見れば、中国は絹の国で、中国へ行く道はシルクロードといわれたが、この絹の歴史は少なくとも約七千年前の昔までさかのぼる。

ちょうどユーラシア大陸の西に小麦農業と牧畜を生産の土台とする文明が起こったように、ユーラシア大陸の東には稲作農業と養蚕《ようさん》を土台とする文明が起こったと言わねばならない。

小麦農業が始まったのは約一万二千年前というのが定説であるが、稲作農業は、最近では約一万四千年前に長江中流で始まったとされる。それはまず間違いない。

河姆渡へ行ってから、私は稲作農業の生んだ文明の跡を訪ねたいという情熱に襲われた。

稲作農業を土台として都市文明が発達しないはずはない。私はその年、日を改めて、浙江省の坑州市郊外にある良渚《りょうしょ》遺跡を訪ねた。それは「大観山」という人工の造山上にある遺跡だが、この造り山は実に巨大である。その山の一部に「反山」というところがあるが、それは王家の墓の跡であったらしく、そこから実にすばらしい玉製品類が出土した。

玉は中国では礼器として最も重んじられた。西の人たちはきらきら光り輝く金銀を好むが、東の人たちは、純白に澄みきっていて、しかも計り知れない奥深さを持つ玉を好む。玉のような人間になることが東アジアの人間の理想でもあった。

絹とともに西の人たちが最も好んだ東の産物である白磁や青磁も玉を模したものである。良渚《りょうしょ》の玉製品は技術的にも高く、芸術的にも実にみごとである。ここに洗練された高度な文明があったことは間違いない。

この良渚遺跡は約五千三百年前から約四千二百年前の遺跡であるが、従来、中国の文明は約三千五百年前に黄河文明から始まったといわれてきた。しかし黄河文明よりいま一つ古い長江文明が存在していたのである。

どうしてこのような文明が今まで忘れられていたのか、それは黄河文明王の――長江文明の王に対する二度の戦勝、すなわち、一度目は約四千年前の黄河流域のアワ農業を生産の土台とする王・黄帝の、長江流域の稲作農業を生産の土台とする王・蚩尤《しゆう》に対する戦勝。二度目は約二千二百年前の漢の劉邦による、楚の項羽に対する戦勝が原因であろう。（これらの）戦勝が黄河文明優位、北優位の史観を作ったのである。中国の最初の歴史書、漢の司馬遷の書いた『史記』は、長江流域の稲作農業の民を蛮夷とみて怪しまない。

私は安田喜憲氏などとともにこの忘れられていた長江文明の解明に情熱を持ち、中国の文物局との粘り強い交渉によって協定を結び、一昨年から日中共同の長江文明の調査にかかったが、幸いに城頭山遺跡の発掘調査に成果を上げることができた。城頭山遺跡は実に約六千年前の都市遺跡であり、城跡と稲作農業の跡とともに、祭壇が見つかっている。城壁と祭壇と王宮の跡を発見すれば、それは確実に都市の遺跡であることになるが、たぶん王宮も来年には発掘されるであろう。現在の常識では、都市文明は約五千年前にメソポタミアで起こったようになっているが、城頭山はそれより約千年古い。

しかし発見されているのは長江文明のほんの一端なのであって、その全貌は深く隠されている。（また）長江文明は玉のように奥深い魅力を秘めている。

☆　☆　☆

梅原氏は歴史家ではなく、〝小説家〟である

鹿島曻は自著『倭人大航海の謎』（新国民社）の第三部「歴史と歴史学者」というテーマをめぐる論争記事の中で、吾郷清彦の「梅原猛氏は歴史家なのですか？」という質問に答えて、次のように述べている。

☆　☆　☆

鹿島　そういうことを言ったら、六国史《りっこくし》で歴史を論じるのは全部歴史家ではないわけです。梅原氏は歴史を論じていると錯覚（？）しながら小説を書いている人です。だからといって、専門家と称する「歴史家」がそうでないとは言えないでしょう。

戦前の日本には、日本史も東洋史も考古学も、科学としては成立し得ない制約がありました。戦後、学問の自由があるといっても、大学の研究室はほとんど戦犯を追放しなかったから、相変わらず戦前の偽史路線が横行しました。追放されるべき大家は名誉教授になり、学位論文審査に影響力を行使するなど、依然として研究室に大きな圧力をかけていたのです。

戦後すぐに『日本書紀』と『続《しょく》日本紀《ぎ》』が偽史であることをはっきりさせればよかったのですが、その作業は不可能に近かった。それに占領軍のアメリカ人は東洋人の偽史文化を理解できなかった。彼らは欠史民族ですからね。そんなわけで、今となっては、研究室の先輩が犯罪者だったことを指摘するどころか、むしろ隠さざるを得ない状況にあるわけです。

☆　☆　☆

「長江文明」の足跡は、河姆渡遺跡だけではない

梅原猛氏のエッセイは、中国史をよく知らない読者にとってなかなか興味深く感じられるが、彼のいう長江文明への認識は正しいのであろうか。

われわれ鹿島史学を学んだ「人類史学」の立場からみると、多くの疑問点や研究不足による問題点が多いようだ。梅原氏は自らを狩猟採集文明に興味を持つ縄文主義者と規定し、このたび初めて稲作農業の古い歴史に目覚めたというが、その盛名（？）のわりには日本の縄文・弥生各時代の歴史は無論のこと、いわゆる「中国史」にも造詣が深くないように

思われる。

彼は、河姆渡《かぼと》遺跡および城頭山遺跡をもって長江文明と思い込んだようであるが、中国は土地が広いので、古来、各地に外来民族による新石器文化が起こり、それぞれの建国神話を持つ興亡を繰り返していることを知らねばならない。

司馬遷の『史記』テキストには「三皇本紀」から始まるものがあるが、それは司馬遷が書いたものではなく、唐の司馬貞が補った「神話部分」にほかならない。

唐人・司馬貞は、庖犧《ほうぎ》（伏犧《ふつぎ》）、女媧《じょか》、神農《しんのう》を三皇とし、ほかに天皇、地皇、人皇を指すという説を述べている。彼のいう三皇の中の神農は、日本では最も知名度が高く、もともと農業の神とされ、木製の鋤《すき》や鍬《くわ》をつくり、その用法を教えたといわれている。また、多くの山野の草をなめて医薬をみつけ、八卦《はっけ》を重ねて六十四卦を作ったともいうから、医薬や易者の神様でもあるわけだ。

日本の漢方医や薬屋はみんな神農を祭り、縁日《えんにち》の香具師《やし》も神農を祀っている。昔から興行師（芸人の親方）は音楽と深い関係があり、易者や売薬は各地で開かれる縁日の花形であった。そして、昼日中《ひるひなか》に市《いち》をひらいて交易することを人々に教えたのが神農である。

こうして神農は庶民的な露天商の守り神となり、この中国の神は日本でも「神農さん」

と、さんづけで親しまれてきた。

二十世紀初頭、オーレル・スタインが発掘した高昌国《こうしょう》（新疆《しんきょう》ウイグル自治区トルファン盆地の古代王国）の遺跡文物の中から有名な彩色絹布画《さいしょくけんぷが》が出土した。そこに描かれている二つの人頭蛇身図は伏犠《ふつぎ》と女媧《じょか》を表しているようだが、現在イギリスやインド（かつての英国の植民地）に運ばれて、博物館に展示されている。

そのあと、中国人学者の黄文弼《こうぶんひつ》もトルファン盆地（海抜マイナス一五四メートルの低地）の貴族の墓から同じデザインの彩色絹布画を発掘した。この絹布画の伏犠と女媧像〔別図〕は、その手に規矩《きく》（コンパスと定規）を握っている。これは設計して物をつくる道具だから、両神は創造神を表しているのであろう。

伏儀と女媧
（『シルクロードの倭人』より）

創造主である女媧は、黄《こう》土《ど》をまるめて人間をつくったといわれているが、では、創造主である女媧は、「人頭蛇身」であるにせよ、その体はいったい誰がつくったのであろうか。

女媧には、「天地がくずれたのを修理したという説話」（＝「ノアの方舟」伝説）があり、前漢の学者「淮南子《えなんじ》」の『覧冥訓《らんめいくん》』には、次のような記述が見える。

往古の時、四極（天を支える四極の柱）廃《すた》れ、九州裂け、天は兼ね覆《おお》わず、地は周《あまね》く載せず、火は爛炎《らんえん》として滅せず、水は浩洋《こうよう》として息《や》まず。（各州において）猛獣は顓《せん》民《みん》（良民）を食《くら》い、鷙鳥《しちょう》は老弱を掴《つか》む。是《ここ》に於いて、女媧、五色《ごしき》の石を練り以って蒼天《そうてん》を補い、鼇《ごう》（大亀）の足を断ち以って四極を立て、黒龍を殺し以って翼州《きしゅう》を救い、芦灰《ろかい》を積み以って淫水《いんすい》（洪水）を止《と》めたり

そこで、以下、順を追って新「鹿島史学」の立場で梅原史観と対比し、梅原氏の史論が如何に杜撰《ずさん》なものであるかを考察してみることにしよう。

■新「鹿島史学」の人類史

世界中の学問の進歩によって、地球と人類の歴史は次第に明らかとなりつつある。

最近明らかになったことだが、南極大陸の氷河時代は今から約三千万年前に始まり、氷河が最もよく発達したのは五百万年前～四百万年前だった。その頃、北半球で氷河時代が始まったということも判ってきた。南極大陸の氷河時代の始まりが約三千万年前というのは、従来考えられていた時代区分をはるかにさかのぼるものであり、地球の南北両半球における氷河時代の始まりが大きく異なっていたということも大変な発見であるといえよう。

その後の氷河期の歴史は、約二百万年前にビーバー氷期、約百五十万年前にドナウ氷期、約八十万年前にギュンツ氷期、約四十万年前にミンデル氷期、約二十万年前にリス氷期となり、約七万年前にビュルム氷期が始まっている。氷期はだいたい十万年から二十万年間続くのだが、ビュルム氷期は比較的短かった。約七万年前に始まったビュルム氷期は、約二万年前に最盛期となり、そのときの気温は現在よりも五度から十度も低く、海水面も現在より百メートル近く低かったといわれている。

ビュルム氷期中、太平洋上にあって前文明を持っていたとされる謎のムー大陸の形成は、おそらく約七万年前であろう。それは、アセアン海域にあったスンダ大陸のことだと推定される。

約七万年前、南極大陸の氷河が増大し、続いて北極海の氷も増えたため、海退（海水面の低下）が進み、インドネシア周辺の海も徐々に干上がっていった。その結果、島々はつながり、スンダ・ランド（亜大陸）が海上にその姿を見せたのである。今では暑くてたまらない赤道直下も、氷期ともなれば温暖な住みよい環境の広い陸地となっており、それゆえ、スンダ大陸は四万年以上にもわたって大いに賑わったのである。

このように、当時のスンダ大陸は人類が暮らすのに適したすばらしい環境だったから、故郷のアフリカを出発して世界に拡散した新人（約九万年前アフリカで誕生したフッリ人＝現代人類・クロマニヨンなど）が次々にやって来て永住した。やがて、採集生活から農耕文化生活へと進み、金属文化を併用して都市文明を営むようになった。

この前文明の国（英人チャーチワードのいうムー帝国）は、世界中に植民地を持ち、多くの都市文明が栄えていたというが、果たしてその実態はどのようなものであったろうか。それについては、前著『倭人のルーツの謎を追う』（たま出版）第一章「旧人はスンダ大陸（旧インドネシア）で誕生した」以下に載っているので、ぜひそちらを参照されたい。

■人類文明の先駆者＝シュメール人・ナーガ族

今から約一万八千年前（ビュルム氷期の最盛期）に、スンダ大陸の「バリー、ジャワ、スマトラ」辺りで、フッリ人（ニグロイド／血液O型）の系統からシュメール人（古モンゴロイド／血液A型）が誕生した。ビュルム氷期中のスンダ大陸において「先史文明」を築いたのは、このシュメール人のナーガ族に指導された人たちである。まことに偉大な民族であったといわねばなるまい。

シュメール人は、ビュルム氷期の終末期（一万二千年前）に起こった「大地震・大洪水」などの地球環境大変動の危機を乗り切り、現代人類にその文明遺産を引き継いだ。このときの遠い記憶伝承が「ノアの方舟」である。その「ノアの方舟」に乗り込んでいたのは、スンダ大陸から脱出するため、必死になって諸民族を励ましたり結集を促すなど指導的役割を果たした文明族のシュメール人（王族シャーマンはナーガ族〔蛇トーテム族〕とも呼ばれている）であった。

■海人族：エブス人＝プロト・フェニキア人

今から約一万五千年前、セレベス島のマカッサル（今のウジュンパンジャンン市）周辺において、ヒクソス人（アラビア半島の鷲族）の系統からエブス人（新モンゴロイド／血液A型）が誕生した。彼らは、プロト（原）フェニキア人とも呼ぶべき新しい人種（海人族）で、ビュルム氷期の終末期に起こった「大洪水」のさい、いちはやくシュメール人の王族たちを「ノアの方舟」に乗せて脱出し、東南アジアへ運んでいる。また、このあとセレベス島から苗族《ミャオ》（のちに農耕民の主役となった／新モンゴロイド）を脱出させているが、これらの舟（船）の主な漕ぎ手は、ニグロイド系のドラヴィダ人やフッリ人であった。すなわち、世界中に文明を運んだ海人族とは、彼らエブス人のことである。後世のパレスチナのカナーン人（偉大なアルファベッドの発明者）もプロト・フェニキア人と呼ぶべき〝船乗りたち〟の仲間であった。

現代文明再建への道

前著『教科書には絶対書かれない古代史の真相』および『倭人のルーツの謎を追う』によれば、地球の人類史は以下のようになっている。

ちなみに、前著の中の「新人（現代人類）たちの進化の流れ」で紹介されている〝世界史初の『一覧表』〃は、故・中原和人氏による畢生《ひっせい》の苦心作であり、このような「人類史の一覧表」は再び目にすることはできないものと思われる。従って、新「鹿島史学」の愛読者は、今後の研究資料としてぜひともこれを〃座右の銘〃にしていただければ幸甚である。

■類人猿からの進化

・類人猿ラマピテクス（一千万年前〜五百万年前に生存）
・猿人アウストラロピテクス（五百万年前〜七十万年前に生存）
・原人（ヒト／七十万年前〜九万年前に生存）
・旧人（ネアンデルタール人・ソロ人／二十万年前〜）
・新人（現代人類・クロマニヨン人など／九万年前〜）

■スンダ文明の照葉樹林帯への拡散

・バンチェン文明こそがミッシング・リンクだった。
・大洪水から逃れた人々によって、新しい都市文化づくりが始まった。
・スンダ大陸を脱出した人たちの子孫が、今も太平洋上の島々に住んでいる。

■現代文明再建への道

・スンダ大陸海没後にアングロ・サクソンとアーリア人（いずれも白人）が生まれた。

・約一万二千年前、ヒマラヤ山脈から東へ伸びる照葉樹林帯の中の「東亜半月弧」と呼ばれる肥沃な三日月地帯では、根菜農耕（ヤムイモ、タロイモ、バナナの栽培）が行われるようになり、雲南地域（標高二千メートルの高原地帯）では野生種からの「稲の栽培」が始まった。この再建された農耕文化は、やがて四方へ伝播していった。

・同じ頃、ビュルム氷期中（大洪水以前）にアフリカのニジェール河流域で発生し、インドの農耕地帯を経て伝えられていた「アワ、ヒエ、キビ」などの雑穀類も改良され、新種の「モチアワ」や「モチキビ」などが東南アジアで作られた。

・この改良品種が、苗《ミャオ》族らの手によって照葉樹林帯（ヒマラヤ山脈以東に広がる温暖地帯）に住みついた新モンゴロイドのコロニーへと伝えられた。

・約一万一千年前、この雑穀類の農耕文化は、港川人およびオロッコ人によって縄文時代早期の日本列島へも伝えられている。

・約一万年前、西南アジアの肥沃な三日月地帯（イラン、イラク、トルコの高原地帯）で、野生種からの「小麦の栽培」が始まり、その文化が四方へ伝播していった。

■バンチェン文明とナマヅガ文化

・約八千年前、タイ北東部コラート高原のバンチェン（タイ国・ウドンターニ市の東方メコン河の支流・ソンクラム川の畔）に、稲作を伴う「農耕文明」が花開いた。この文明初期に使用されたバンチェン土器は黒色で、刻文による多種多様の渦巻文のものが出土することから、日本の縄文土器との相関性が考えられる（P・チャロエンワンサ著・鹿島昇訳『バンチェン／倭人のルーツ』新国民社版）。

・同じ頃、オクサス河とインダス河の上流域バタフシャン（今のトルクメニア地方）に、牧羊民族によってナマヅガ文化という彩陶文化が起こった。この文化の担い手はサカ族（ドイツ語ではサカイ族）とドラヴィダ族で、彼らはのちに檀君朝鮮と番韓の主力となった。

・ナマヅガの彩陶土器文化は、サカ族らによって東西に運ばれた。このナマヅガとバンチェンの文化遺跡は、超古代のアジアとオリエントを結ぶ考古学上の「踊り場」（文化センター）であった。

・バンチェンとナマヅガの両文化が出合ったと思われる農耕文化が、約七千五百年前の中国陝西《せんせい》省西安《せいあん》市郊外の半坡《はんぱ》で起こっている。当時すでにアワを主食とし、豚を飼い、漁業と狩猟を営む農耕文化が盛んであった。住居は半地下式と平地式であったが、日本の縄文時代の竪穴式住居にも似ている。住居地に児童のカメ棺があり、これも日本で発見されるものと同一。生活用具は優れた彩色土器文化で、織物用の紡錘車《ぼうすいしゃ》も出土して、織物や莚《むしろ》には模様を印した痕跡がある。また、六千年前頃の出土品の中から「彩陶魚文鉢」「彩陶人面魚文鉢」（人頭魚身のオアンネス画像）が出土して、高い文化水準を示すコロニーの様子を伝えている。

・この華北の新石器文化＝「半坡《はんぱ》文化」の流れは、廟底溝《びょうていこう》第Ⅰ期文化を経て浙江省の良渚《りょうしょ》文化へと続く。さらに、河南省の後岡第Ⅱ期文化ともいわれる龍山《りゅうざん》（ロンシャン）文化に継承されているから、彩陶文化後の黒陶文化も仰韶《ヤンシャオ》文化の継続的発展と考えられる。

一方、山東省の大汶口《だいもんこう》文化は、後の龍山文化にもつながっているから、中国の新石器文化はすべてバンチェン文化とナマヅガ文化の影響を受けていたのである。

・約七千年前、パン小麦は西方地域へ向けて、稲作は東方地域へ向けて伝播し始めた。

・同じ頃、揚子江下流域に稲作の集落が起こった（浙江省余姚《よとう》県河姆渡《かぼと》遺跡）。この稲作農耕文化は、メコン河の上流・ランツァン川（瀾滄江）と揚子江上流の金沙江に挟まれた雲南省の麗江（リーチアン）市周辺にいたバンチェン文明の苗族《ミャオ》が、はるばる揚子江（長江）を下って定住生活を始め、農耕生活を開始したものである。

・この遺跡から日本と同型の約七千年前の玦状《けつじょう》耳飾り（直径五センチ前後の硬玉製の装身具）が発見されている。したがって、アフリカのヒョウタン、インドの緑豆《りょくとう》、中国の紫蘇《しそ》・エゴマ、ヨーロッパのゴボウ（牛蒡）などの縄文野菜が、フェニキア人によって世界中から集められ、やがて日本（福井県三方《みかた》町鳥浜《とりはま》・千葉県八日市《ようかいち》市多古田《したこた》・福島市四箇《しか》など）へも伝来するなど、両国交流の盛況ぶりが窺えるのである。

・約六千五百年前、ナマヅガの彩陶文化が黄河上流域に伝わり、甘粛《かんしゅく》（カンスー）彩陶文化が始まった。

・約六千年前、ナマヅガ彩文土器の熟成期を迎えた頃、アムダリヤ上流のバタフシャン産ラピスラズリ（宝石）を商《あきな》う羊トーテムの月氏《げっし》の隊商が、馬や船などによって旅を続け、バビロンの「スサ」から「ウル」に入った。

・パン小麦を栽培する農耕文化は、約六千年前にはドナウ河とライン河の流域、および黒海の西海岸と南ロシア全域に広がり、約五千年前には〝小麦からパンを作る〟文化が、ヨーロッパ全域を覆った。

■仰韶文化の勃興

・約五千八百年前、イラン高原のエラム文化を受容したナマヅガ文化が、綏遠《やすえん》地域を経て黄河流域に伝わり、仰韶《ヤンシャオ》文化あるいはカラスク文化となった。

・約五千五百年前、仰韶彩陶文化が拡散し始めた（河南省澠池《めんち》仰韶《ヤンシャオ》県遺跡）。仰韶式の土器は、トルキスタン、アフガニスタン、イラン、シリアのものと同一であった。

■古代バンチェンでの「青銅器文化」の勃興

約五千八百年前、バンチェン王国に、青銅と錫《すず》の混合による「青銅器文化」が起こった。ちなみに、タイの隣国ラオスは世界一の錫《すず》の宝庫である。この頃出土した遺物の中から、回転印章による文様をつけた絹布などが数多く発見されているから、当時は養蚕が盛んで絹織物を作っていたことが判る。このバンチェン王国は、絹織物や青銅製品を他地域向けの商品として、世界の人々と盛んに交易していたのである。

■バンチェン文化とシュメール文明

約五千五百年前、バンチェン人はメソポタミアに上陸し、エジプト古王朝の王族になった。従来の歴史学において、すべての現代文明はオリエントに始まったとされている。その中心・バビロンの文明は、ペルシア湾からやってきた人頭魚身のオアンネスが、エリドゥの王アロロスとその人民に文明と法律を教えたことがスタートであったという。魚人オアンネスは、海から来て昼間は人々に文化知識を教え、夜間は海に帰り、三週間ですべての文明を原住民に伝えたとされる。

このオアンネスが、司馬遷の『史記』にいう「人頭魚身の伏犠氏《ふっぎ》（フッリ人）」であると同時に、バビロン（＝新バンチェン）のシュメール人なのであった。それを証明するものとして、中国においては庖犠氏《ふっぎ》と女媧氏《じょか》がからみ合う人頭蛇身像として描かれているが、全く同じ図柄が、古代エジプトではナルメル王のパレットに描かれ、インド（インダス文明）では木徳の王・ナーガ神として伝えられているのである。そして、これと同じ神話がバビロンに〝魚人オアンネス〟として伝わっている。

同じ頃、インダス文明、シュメール文明、およびエジプト文明が始まった。

西洋史のいうエリドゥ（原シュメール人）の青銅器文化やエジプト人の古代文化は、実はバンチェン王国シュメール人の文化であった。すなわち、円筒印章などを持ったバンチエン人（蛇トーテム族の庖犠氏）がアラビア海からメソポタミア（新・シュメール）とエジプトへ侵入した物語なのである（「人頭魚身のオアンネス神話」）。

鹿島のモデルは、バンチェン黒陶人がビルマ（ミヤンマー）を通り、インドに侵入してデカン高原を横切り、メソポタミア（新・シュメール）へ上陸して、さらにエジプト古王朝に参加したマヤ人（植民者）であったというものだ。

この時、彼らを待っていたのは地中海人種であった。『史記』が「陳《ちん》に都した伏羲《ふつぎ》氏」と書いているのは地中海人種のエラモ・ドラヴィダ語族で、エチオピアやエジプトに都した第一王朝の古フッリ人やドラヴィダ語族であり、また「伏羲氏は蛇身云々」というのは、バンチェン人と同様に彼らも海人だったからである。そこで両民族が抗争を繰り返したとすれば、のちにインドに侵入したドラヴィダ人の中には、オリエントからUターンした地中海人種も混じっていたのかもしれない。

両者の抗争については、ラス・シャムラのテキストでは、「バールとモートの争い」として述べ、『桓檀古記《かんだんこき》』では「檀君朝鮮と盤古《ばんこ》神の戦い」として述べている。モートまたは盤古神は、元来焼畑農耕文化の再生神だったから、バンチェン北部の照葉樹林帯における農耕民の主神だったことが窺われる。彼らは原住民のウバイド人（燧人《すいじん》氏）を征服し、これに代わってバビロンを支配したのである。

鹿島曻は常々、自著の中で「バンチェン文明の貿易基地＝扶南のマガン（オケオ港）とオリエント文明の貿易基地＝バビロンのマガン（バーレーン島）を結ぶインドの中継基地マガンが、ガッチ湿原にあるはずだ」と主張していた。

その海の国の港湾都市マガン（五千五百年前～三千五百年前の遺跡）が、インド・グジャラード州（ガッチ湿原・カディール島）のドーラ・ビーラ（港町）で発見されたのは二〇〇〇年三月のこと。彼の亡くなる前年であった。

■エジプト王朝の勃興

約五千三百年前、エジプト二王国がエジプト古王国に統合され、首都が両国の接点メンフィス（今のギザ市の近く）に定められた。これがエジプト第一王朝の始まりである。

これより、ファラオ（王）の権力が強大となり、四千六百五十年前から百年間、ギゼーのピラミッドをはじめ多くのピラミッドがつくられるようになった。

この頃から、古代エジプトの象形文字であるヒエログリフや太陽暦が使用され始めたのであるが、このあと、第四王朝が成立してスネウルフ、クフ、カフラ、メンカフラー、ディドゥフリ、シェプセスカスと続いた。シシリー島の古都パレルムの「石刻年代記」には、第四王朝の祖王スネウルフが「ヌビア、リビアおよびシナイ半島に遠征した」と記されている。この王はメイドウムとダアショウルにそれぞれピラミッドを建てたが、その建設に従事する奴隷や交易品を運ぶために考案された構造船の造船用材〝レバノン杉〟は、シリアから買い付けていた。

最近、その構造船の遺物がピラミッドの中から当時のままの姿で発見され、また遠洋航海の記録は、ナイル河の茅《ちがや》で作ったパピルス（代用紙）に記された文書『パピルス』としてロシアのエルミタージュ博物館に保存されている。

約四千六百五十年前、エジプト第四王朝はピラミッドの建設を始め、大型の木造船（構造船）によってピブロスの糸杉を買い付けると、ペルシア湾沿岸の諸国と貿易を開始した。こののち、ペルシア湾のマガン人（海商）はエジプト王朝の支援を得てプント航路を独占した。エルミタージュ博物館所蔵の『蛇の島のパピルス』（マレー海域の古記録）によれば、エジプトの港（紅海または東アフリカ海岸）からプント（マレー半島海域＝バンチェン文化圏）までは約六十メートルの船で二カ月の航路であったという。近年、プント航路を証明する遺跡が、ムンバイ市近郊のロータル港から発見されている。

続いてエジプト第五王朝（前二五六三年〜二四二三年）が起こった。太陽信仰が盛んになって太陽神殿が建造され、ピラミッド内部には「ピラミッド・テキスト」が刻まれるようになった。

■インド・ヨーロッパ語族の出現

一方、インド・ヨーロッパ語族の原郷では、約五千百年前、農耕が行われ、牛・豚・馬が飼育されていた。銅や青銅の冶金が盛んで、車輪や車軸などが金属でつくられ、王がいたが、武力的というよりむしろ宗教的な僧であった。支配階級である僧侶や武士、そして庶民階級がいた。武士は協議会を持ち耕地を共有していた。家父長の権力は強かったし、各村落には防塁が巡らされ、クルガン（高塚墳墓）を持っていた。

約五千年前、地中海の東方、レバノン山脈の沿岸地帯に、航海に巧みなフェニキア人が定住し、ビブロス、シドン、ティール、アッコなどのアルワド（古代の港）として繁栄していた。エジプトのファラオは、ピラミッド造りに必要な多くの奴隷を世界中から集めるため、レバノンの糸杉を買い集めて構造船や遠洋航海の技術を発達させた。その担い手となったのがこのフェニキア人たちである。

約四千五百年前、エーゲ海にクレタ文明が起こっているが、これもシュメール人の手に成るバンチェン文明の移植によるものであった。

同じ頃、エジプト古王朝の商業植民地であった「ラガシュ王国」（火と怪鳥を信仰するゾロアスター教の古代都市）がユーフラテス河上流域（バビロン）に出現した。

約四千四百五十年前、山東省を中心に金属文化を伴う黒陶（灰陶）の龍山《りゅうざん》文化（苗《ミャオ》族によるロンシャン文化）が始まった（山東省歴城県竜山鎮・城子崖遺跡）。

約四千四百年前、精巧なスポークの車輪付き木製馬車を自在に操るクルガン人が、コーカサス地方に侵入して黒海に進み、インド・ゲルマン的特徴の混合文化が生まれた。このクルガン人（＝アーリア人）こそが、のちにインド・ヨーロッパ語族となった人々（インド古代文化圏のバラモン＝神聖階級を自称した白人族）である。

■アッカド帝国・サルゴンの登場

約四千三百五十年前、メソポタミア北部山岳地帯にいたセム系のアッカド人・サルゴン一世が、ルーガルザグギシ（蚩尤《しゆう》のモデル）を破ってシュメールを征服し、メソポタミア最初の統一国家を建てた（アッカド帝国の建国）。

このアッカドのサルゴン一世が、中国史（『史記』）に登場する「黄帝《こうてい》・崇伯鯀《そうはくこん》」のモデルであり、サルゴンに敗れたルーガルザグギシが蚩尤《しゆう》のモデルであった。

中国史（実は、司馬遷の『史記』をそう呼んでいる）では、「蚩尤《しゆう》（黒陶文化の先住民族＝苗《ミャオ》族の王）が乱を起こして（実は外来者の圧政に反乱して）黄帝と涿鹿野《たくろくの》で戦い、濃霧を起こして敵を大いに苦しめたが、黄帝は指南車（磁石コンパス）を作って方位を示し、ついに蚩尤《しゆう》を捕らえて殺した」とされている。

約四千三百年前、ウンマ国のルーガルザグギシ王（蚩尤《しゆう》）の後孫・蚩頭男《しとお》が王倹城《おうけんじょう》（海の国マガン）の番韓王となり、琅邪城《ろうやじょう》（バーレーン島の要塞）を築いた。

■製鉄国家の出現

約四千二百年前、小アジア（トルコ）アナトリア高原にヒッタイト王国が起こり、オリエント世界唯一の製鉄国となった。当時の製鉄法は、砂鉄を原料、薪を燃料、タタラを風力として〝ナマコ鉄〟を得て、これを鍛鉄製品に仕上げるというやり方であった。

『旧約聖書』には「鉄は赤土から採る」と記されているが、正しくそのとおりの方法で鉄を作っていたのである。

同じ頃、インド・ゲルマン語族となったヒッタイト人がアナトリア高原（トルコ）に入植し、バルカン半島のギリシアにも進出した。

約四千年前、インド・ゲルマン語族となったアーリア人は南下してイラン高原に入り、それまでセム系の国であったイランを支配し、アーリア系のケルト人がヨーロッパ中部および西南部（イングランドなど）で活動を始めた。

同じ頃、同系のアカイア人およびイオニア人が南下してギリシアに入り、クレタ島を中心とするクレタ文明に接触して、ミケーネ文明を生んだ。

■新フェニキア人の誕生と、『契丹北倭記』の発見

同じく約四千年前、カナーンの地にいたエブス人（プロト・フェニキア人）とハビル人、アモン人、カナーン人など五人種の新モンゴロイドの混血によって〔新〕フェニキア人（血液A型）が誕生した。

それは、約六千年前からエブス人（プロト・フェニキア人）らの港湾都市が多いカナーンの地が、多くの船乗りたちが集う「人種の坩堝《るつぼ》」となっていたからである。そして、こ

の新フェニキア人がそれまで船員らの用いていた〝雑多な混合語〟を整理し、アルファベット（ヘブライ文字・アラム文字・ギリシア文字・各文字のつづり）を考案して人々の共通語とした。

このアルファベットの発明によって人々は大きな恩恵を受けたが、「肝心のフェニキア人自身は、彼らの歴史を文字で書き残すことはしなかった」と西洋の学者たちは主張している。フェニキア人は海の民であり、「海人不語」だったからというのだが、この説が日露戦争をきっかけに、日本人によって訂正されることになった。

日本陸軍の経理将校・浜名寛祐が、日露戦争の最中、奉天（瀋陽）郊外のラマ寺で偶々《たまたま》発見した古文書を二十年間かけて研究し、その成果を『日韓正宗遡源《せいそうそげん》』（日本人と韓国人の祖先は同じという歴史書）として出版した。

というのも、その古文書というのが、世にも珍しい「フェニキア人の歴史書」（世界中を航海する海人族の史書）だったからである。その研究を浜田秀雄（異色の東大卒）が引き継ぎ、さらに、その盟友・鹿島昇（早大卒）がこれに詳しい解説を加えて『契丹北倭記《きったんほくわき》』と命名して再出版した。

■カッシート人の誕生と、クシャトリアの歴史

その後、約四千年前、カナーンの地で、新フェニキア人（女／血液A型）とアーリア人（男／血液B型）の混血によってカッシート人（血液ＡＢ型）が生まれた。彼らは、進取の気性に富んだ〝新型の海人族〟であった。

さて、ここで一息入れるために、「新しい海人族」のその後の歴史、とりわけ今までよく知られていなかった史実について述べるとしよう。

それは、世にいう「平将門《たいらのまさかど》・藤原純友《ふじわらすみとも》の乱」はインド系クシャトリアの独立戦争であった、というものだ。

十世紀、関東平野および瀬戸内海に起こった「天慶承平《てんけいじょうへい》の乱」（九三五年）のことは一般によく知られているが、その首領・平将門《たいらのまさかど》（巷間《こうかん》にいう将門《しょうもん》さま）がカッシート人とアーリア人の混血＝クシャトリアであることは知られていない。

実は、その流れが〝足利氏《あしかがし》〟となって日本歴史に登場し、源平時代→鎌倉時代→南北朝時代を経て、足利尊氏《たかうじ》が建てた足利幕府となっている。そして、その子孫の三代将軍足利義満の代に、北朝系から「貞成親王〔後崇光院〕系天皇」の系譜にすり替り、戦国時代→

安土桃山時代↓徳川時代と続く武家政治の時代となっていった。

さらに、幕末の明治維新によって「南朝系・明治天皇」の系譜となり、大正〜昭和に君臨した「昭和天皇」を経て、現在は平成天皇の御代となっている。

このような秘史が宮内庁の書庫に眠るや否や——そこまで筆者は関知しない。

■インド・ヨーロッパ語族のインド亜大陸への侵入

約三千八百年前、中央アジアに興ったミタンニ人はアーリア人であり、彼らの一部はシルクロードを東遷して中国大陸に達している。

また、人口が増えたインド・ヨーロッパ語族（アーリア人）の多くは、それまでインダス文明が栄えていたインド亜大陸に侵入した。

当時、インダス河流域は長期にわたる家畜（羊）の放牧が原因で、草原が失われつつあった。そこにアーリア人の侵入があり、バビロン王リムシンの「統制経済の弊害」と重なって、一挙にインダス文明が崩壊したといわれている。

その余波を受けてか、インダス河の流れが変化したためか、アラビア海のマガン（ドーラ・ビーラの番韓）が貿易基地の移動を始め、彼らの一部はメコン河下流のオケオ港へと移動し、その大部分はエジプト王国の領土へ侵入した。

その六十年後（三千七百八十六年前）、ナイル河の三角州地帯に侵入して、インダス文化を移植していたマガンの番韓（牧羊のヒクソス人）が下エジプトを支配し、いわゆる「ヒクソス王朝」（前一六五三年〜前一五五九年）を建てた。

約三千七百三十年前、ヒッタイト人が「鉄の武器」を持ってメソポタミアへ侵入し、バビロン（両大河の間の地）のハムラビ王朝を倒した。

三千七百年前、イシン王家に従属していたカルデア人の商社＝アリク・ディルムンの出先機関であるマガン（海の国）の番韓人と、メルッハ（ボンベイ／今のムンバイ市）のエブス人らが、ヴェトナムのオケオ港を経由してバンチェン王国に入った。彼らは母国の製鉄基地を強化していたが、やがてまた移動を開始し、海南島を経て山東半島に上陸すると、協力して韓商人のコロニーを作り、「干莱《かんらい》」と称した。この干莱人がやがて殷（商）文化を築き、中国文明の幕を開いていくのである。

約三千六百年前、この年代のバンチェン遺跡Ⅳ層からの出土品を見ると、この頃「幾何学的文様のある彫刻品」や「見事に彩色された陶器」が作られていたことが判る。さらに、多くの青銅製品に混じって青銅矛の刃の部分にだけ鉄を使用した複合金属製品が発見されており、いずれも当時のマガン人らの交流を示している。

約三千五百九十年前、ヒッタイト人がバビロンを蹂躙《じゅうりん》して引き上げると、カッシート人が「海の国」の新しいリーダーとなり、ハムラビ王朝の残党に代わってバビロンを支配したが、それはその後、約四百年間も続いた。

一方、インド・ガッチ湿原のマガンにいたセム系の混血アーリアン（＝クシャトリア）は、ドーラ・ビーラから出発して北上し、デリー（インドの古都）を通ってガンジス河の上流に至った（黒縁赭色《こくえんしゃしょく》土器の分布道筋）。

また、白人の純血アーリアン（バラモン）の群れは、インダス流域のハラッパなどから出発し、クル・パンチャーラ（デリーの別名）を通ってガンジス河の上流に至った。ガンジス河流域は、インダス河流域と違って土質が硬いので、鉄の農具でなければ耕作できなかった。そのため、インド・ヨーロッパ語族の〝ヒッタイト鉄文化〟が浸透していったのである。

ところで、パンジャープのバーラタ族が、後から来たプール族とともにクル国に入ったさい、マガンからヤードゥも参入してヤーダバー族と称した。

この頃、クル国のバラモン修行僧（王族）が、クル国周辺のジャングルにいたナーガ族と接触した。その結果、ナーガ族はバーラタ族やカッシュ人の先祖を自分たちの先祖にしたらしく、このことは『桓檀古記』の解明によって推理される。すなわち、クル国周辺のジャングルにいたナーガ族や、瓦人《わ》（倭人）の祖・カーシ族を教化したインドラ教、もしくはヒンドゥー教のバラモンこそが檀君朝鮮教団（韓国神話の源流）の創作者だったと考えられるのである。

約三千五百八十年前、ヒクソス王朝がエジプトの独立軍に亡ぼされたため、エブス人らがカナーンのエルサレムに移動した。また、多くのヒクソス人らは海に浮かんでバンチェン文化圏を目指し、ひとまずオケオ港に入った。彼らはさらにシュメール人の指示に従って、山東半島の干莱《かんらい》（番韓コロニー）へ参入している。

常に連携して行動していたフェニキア人と、エブス人やユダヤ人の関係は、遠洋航海が得意な運び屋と武装した商人グループの関係であった。それは「ノアの方舟」以来の超古代から一貫して続いている。

■南海から来た殷人

約三千五百五十年前、干莱（韓商人）のエブス人が、フェニキア人とともに黄河流域をさかのぼり、河南省へ進出して殷（商）交易基地の文化圏をつくった。この年代の河南省内の遺跡から、鉄刃銅鉞《どうえつ》（まさかり）と鉄刃銅矛が出土している。

この殷（商）文化は、往古からバンチェン文明を担っていた苗族が何度も華北中原にやって来て創り出した文化である。

「中国三千五百年の歴史」は果たして本当か？

われわれ鹿島史学では、以上のようなかたちで殷文化圏があったと考えているが、現行の中国史ではそう考えていないようだ。昭文社の『中国地理ガイドブック』には、次のように記されている。

☆　☆　☆

一八九九年、河南省安陽《アンヤン》県小屯村で出土した亀甲獣骨の「甲骨文字」を解読した結果、『史記』「項羽本紀」に記載されている、殷の最後の都として二百七十余年続いた大邑商（大交易基地）であることが判明した。殷は、現在確認できる中国最古の王朝であり、自らは商と称した。黄河中流の山東・山西・河北・河南に及ぶ地域を支配し、高度の青銅器文化を誇り、宮殿や巨大な王墓が造られていた。

殷の紂王《ちゅうおう》を討った武王は周を建国した。その王朝支配を正当化するために天命思想が出現した。すなわち、支配者とは天命を受けた有徳者がその地位につくもので、支配者が徳を失えば天命は他の有徳者に移る。つまり命を革《あらた》めることにより姓（王朝の名）が易《かわ》る。これを易姓革命という。そこで中国の歴代王朝は前の王朝の歴史書を編纂することによって、前王朝がいかに徳を失っていったかを明らかにしようと努めてきた。

前七七〇年、異民族の侵入を避けて都を鎬京《こうけい》（現西安《せいあん》付近）から洛邑《らくゆう》（現在の洛陽）へ移して以後の春秋戦国時代（〜前二二一年）は、中国思想の揺籃期である。争乱の時代を反映して有能な人材が求められ、儒家（孔子、孟子）、道家（老子、荘子）、法家（商鞅、韓非子）、兵家（孫子）などの諸子百家と呼ばれる多くの思想家が輩出した。

また、多数の「故事成語」が生み出された時代でもあり、「合従連衡《がっしょうれんこう》」「鷸蚌《いつぼう》の争い」「漁夫の利」「臥薪嘗胆《がしんしょうたん》」「呉越同舟」「鶏鳴狗盗」「五十歩百歩」など、日本でも親しまれている諺や「教訓的熟語」が多く残されている。

☆　☆　☆

このように、中国人学者はいかにも「殷王朝」が存在したように言うが、未だその都の跡や王墓などは発見されず、青銅器の製造跡も完全には確認されていない。河北省安陽市郊外にある「殷墟」の出土品などからみて、華北中原に〝黄河文明の交易センター〟＝殷文化圏が海人族によって創られ、存在したと考えるべきであろう。

■フェニキア人が創ったもう一つの「長江文明」

同じ頃、四川省に優れた農耕文化と金属文化を持つ巴《は》蜀《しょく》文化の国が出現した。これは、巴蜀文字の存在でも知られている巴蜀文化圏であり、実は揚子江（長江）をさかのぼったフェニキア人が、さらに支流の急流を遡上して建てた別口《べつくち》の長江文明である。

華北で殷（商）文化が興った時代、長江支流の嘉陵江を遡上して建てたクニ「巴《は》の国」が重慶《じゅうけい》〔チョンチン市〕周辺にあった。さらに、長江支流の岷江《みんこう》（または洛水）を遡上して建てたクニ「蜀《しょく》の国」が成都《せいと》〔チョントゥー市〕周辺にあった。両方の国（今の四川省）を総称して「巴蜀文化圏」という。

一九八六年、成都市の北約二十五キロの広漢県南興鎮三星堆《さんせいたい》で、殷時代の祭祀坑の中から、殷文化圏の青銅器とは全く異なる異様な人物像など、千余点の青銅器が発見された。この人物像は、太い眉毛と大きな縦眼《たてめ》、大きな耳と口という異様な風貌に加え、高さが二百六十一センチもある左衽《さじん》（左えり）の立像であり、両眼の直径が十三センチ余で柱状に十六センチもとび出していた。また、高さ六十五センチ、幅が百三十八センチもある人面像に加えて、高さが三百八十センチもある神樹などの出土品もあり、今までの青銅器には見られなかった種類のものである。

　三星堆の青銅器は、容器ではなく人物像で、しかも二メートルを超えるものがある上に、顔貌も特異で、祭祀坑の近くには長さ八百メートルもあるユダヤ人のカゴメ紋（☆型）の五稜郭のような「城壁跡」も残っているという。

『山海経《せんがいきょう》』は元来秦時代の世界地理を述べたものだが、その中の海内東経《かいだいとうきょう》には「古《いにしえ》の蜀王蚕叢《さんそう》は縦眼の巨人であった」と記されている。

　蚕叢《さんそう》王は、後世の明王朝時代、七回も南海に雄飛して「華僑《かきょう》」の元祖となった鄭和《ていわ》将軍（一四〇五年〜一四三三年）のように、身長二メートル余の大男であったものか。色目《しきもく》人《じん》の宦官《かんがん》・鄭和《ていわ》は、一隻ごとに三百人の兵士を乗せた〝三本マストの船〟百隻で船団を組み、外洋に出ると、常に船上で〝双眼望遠鏡〟を用いて指揮を執っていたという。

　殷（商）の時代、蜀では養蚕が盛んで絹織物や塩などを交易品としていたから、人々は縦眼巨人（双眼鏡を用いた人物だったか）の王の雄姿を記憶に留め、青銅製の立像を作って崇拝したと考えられる（蚕叢《さんそう》の王名は恐らく諡号《おくりな》であろう）。
もしくは、地中海中部の都市国家カルタゴ（前八一四年～一四六年）のフェニキア人の神話＝女王エリッサが司祭となって崇拝したデメティール神（穀物神）の神像として、〝蜀王を模して〟作られたものか。だとすれば、約三千五百年前からのフェニキア人による、いま一つの「長江文明」とでも呼ぶべき貴重な遺跡である。

現在の四川省には多くの清流（泗川）が流れ、日本の風景とよく似ており、人口も日本と同じ数の住民が住んでいる。また、麗江の「東巴《とんぱ》（トンパ）文字」というのは、二十世紀に雲南省を訪れ、麗江（リーチァン）古城を見学したドイツ人によって発見されたものだが、実は古代から伝わる巫女が用いていた「東巴教《とんぱきょう》の経典」に書かれた、稲作民族が使うような象形文字であった。ちなみに、筆者もその拓本を麗江で求め、今も書斎に飾っている。

約三千五百年前、別グループのエブス人たちは、アルワド（旧い港湾都市）からインド中部のロータルに移住し、さらにデリーを経てマガダ近くまで移動した。これが、のちのインド十六カ国時代、アヴァンティ国、コーサラ国、アンガ国などの太陽（日神）王朝諸国となった。

■日本への稲作農業と金属文化の伝来

約三千五百年前、イスラエル王国（カナーン）の交易船が九州国東半島重藤《しげふじ》に渡来して、まず製鉄文化を伝えた。続いてバンチェン王国のシュメール人と苗族が有明海の鳥栖へ渡来して、水田稲作農業を伝えた。かくして、金属文化と農業文化の両方がセットになった「弥生時代」の到来となったのである。

最近（二〇〇三年五月）、日本国立民俗博物館の学者たちによる「弥生時代は五百年さかのぼる」説が発表されて、侃々諤々《かんかんがくがく》の論議を呼んでいるが、この渡来年代を見てもわかるように、実は「弥生時代は千年さかのぼる」ということになる。

こうして、日本列島の倭人は〝稲と鉄〟の新文化によって繁栄していくのである。

かつて、〝七つの海〟の航路はユダヤ人やフェニキア人が支配し、彼らは世界の海をまたに掛けて活動していた。イスラエル（北朝）王国は、ダビデ王およびソロモン王の時代に、レバノン杉で造ったタルシシ船の艦隊を東の海に派遣し、珍しい宝物を集めさせ、持ち帰って華麗な神殿造りなどの資金としていた。

後世になって、日本では、蛭子《えびす》、大黒天、毘沙門天《びしゃもんてん》、弁財天、福禄寿、寿老人、布袋《ほてい》らの渡来人（＝ユダヤ人）を七福人と呼ぶようになったが、彼らは珍しいガラス製品や赤い染物類を山積みした貿易船で世界各地と交易を行っていた。

こうした〝海のシルクロード〟のほかに、ユーラシア大陸を横断する陸のシルクロード（現在と古代では違う道）があったが、この陸路を支配していたのもユダヤ人であった。各民族の間を取り持って契約を重んじる商人道のユダヤ人は、さまざまな物資や民族が入り乱れるシルクロードの管理者として最適任であり、シルクロードの宿場には安息日まで定められていたという。

『列王記』上第十章には、次のように記されている。

「ソロモン王は海にタルシシの船隊（当時最大の外洋航行船）を所有し、三年に一度船団を（インド洋に）派遣して金、銀、象、猿、孔雀を運んできた。……全世界の者は贈り物として銀の器、金の器、衣服、武器、バルサム油、馬、驢馬などを持ってきた。ソロモン王は首都エルサレムで銀を石のように用いた。エジプトから買い上げて輸入した戦車は銀で六百、馬は百五十であった。同様にヒッタイト人のすべての王も、アラム（アラビア半島）の王たちも彼らの仲買で輸入した」

孔雀はインドとセイロン（スリランカ）以外にはいないから、タルシシ船隊が金と銀をインドネシアのジャワ島またはマドゥラ島で積み、象、猿、孔雀をセイロン島の対岸マドラス（船乗りの語源となった港）で積み込んだと考えれば、この船隊の貿易ルートは自《おの》ずから明らかであろう。

『聖書』の記すタルシシ船は、実は「採鉱船」であった。ダビデ王のあとを継いだ混血児ソロモンの独創に成る船団で、その船にはヒッタイトの製鉄カーストが乗り込んでいた。タルシシ船は採鉱・製鉄グループを客人としており、彼らは砂鉄の堆積層を発見して現地に製鉄コロニーをつくると、その鉄製品によって象牙や金などを買い、タルシシ船に積み込んだ。これこそ、「銀を石のように使ったソロモン」の秘密であった。

ヴィデーハ、のちのマガダ国にはインド最大の製鉄基地があり、そのため、マガダ王はやがてインド全土を統一した。マガダ国を継いだモウリア王朝が残した「巨大な鉄柱」は、二千年を経た今もサビ一つなく、その製法は今なお解明されていない。

ちなみに、筆者は故・中原和人氏からその秘法を伺ってはいるが、氏が亡くなられた上に、まだ筆者にも少々不明な点があるので、発表は差し控えている。

世界の富を集めたというソロモン王の栄華は、「ツロ」を商都としたフェニキア人の貿易によって成立し、ヒッタイト人と協力して金、銀、銅、錫などの金属を求めたが、独占権を守るため「タルシシ」（交易の目的地）の位置を秘密にしたという。

しかし、それはエブス人の船団でもあったから、三年ごとに訪れる最終の目的地は、遥かなる夷人の国・華北の干莱人《かんらい》植民地・殷（商）だったのである。

■殷文化圏へ運ばれた九州の鉄製品

約三千五百年前、国東《くにさき》半島重藤《しげふじ》に建設された製鉄基地はヒッタイト人が指導し、港川人ら縄文人を奴隷として使役したため、やがて世界一の規模に発展した。重藤の海岸砂丘に大量に蓄積されていた砂鉄を原料、地元の薪を燃料とし、西南の風をタタラ（鞴《ふいご》による送り風）として縄文鉄の「ナマコ鉄（鉧《けら》）」をつくり、武器や各種農具の鍛鉄《たんてつ》製品に仕上げた。この貴重な鉄製品を華北の殷文化圏に運び、殷商人が中国先住民との交易に支払う「代用貨幣」として活用していったのである。

■東表国・宇佐八幡宮の建立

約三千百年前、北九州に始まった水田稲作農業文化が盛んになり、国東半島重藤の製鉄基地も発展したため、殷・商文化圏のエブス人らがUターンして、豊前京都郡《ぶぜんみやこ》に東表国《とうびょうこく》（豊日国・神殿は宇佐八幡宮）を建てた。彼らエブス人・フェニキア人らは、豊前（福岡県）京都郡宇佐八幡（宮）を都とし、タルシシ船々長エブス人のクルタシロス一世が初代王となった。わが国第一王朝の始まりであるが、この王名は世襲されていった（鹿島曻著『倭と日本建国史』新国民社参照）。

■モーゼはバアル神の神官だった

約三千四百年前、ミノア文明が海底火山の爆発によって突然崩壊した。

約三千二百九十年前、エジプト第十九王朝ラムセス二世が即位。モーゼがユダヤ人を率いてエジプトを脱出したのは、このファラオの治世下においてである。

『旧約聖書』に登場するモーゼは、実際にはヘブライ語をほとんど話せず、兄が通訳を務めていたという。モーゼはエジプトの神官オサルシフであり、彼の奉ずる神教（バアル教）のもとに人々が集うことを条件に、ユダヤ人とヒクソス人を引き連れて脱エジプトの指揮をとり、ついにカナーンの地に至ったものである。

■檀君《だんくん》とはダゴンの君、ダゴンの子は牛頭神バアル

インド・ヨーロッパ語族（アーリア人）がヒッタイトの鉄文化をもってガンジス河流域に進出したとき、先住民はブーメランと青銅の武器を用いて抵抗した。それに対して、アーリア人は、鉄の武器と戦車によって圧倒的な勝利を収めたのだが、日常生活や芸術・精神面の文化水準の高さにおいては、先住民のレベルのほうが上だった。そこで、平和の到来とともに両民族による「心からなる和解」が始まった。

これについて、朝鮮の『三国遺事』は「檀君桓因《だんくんかんいん》は帝釈《たいしゃく》天桓因《てんかんいん》ともいう」と述べている。

この「帝釈天桓因」とは、シャクラ・デヴァーナム・インドラという「ヒンドゥー神」であり、「因陀羅《いんだら》」はカッシート人やミタンニ人（アーリア人）のインドラ神のことであって、フェニキア人のダゴン神やユダヤ人のヤーウェ神とも同一の神であった。「檀君《だんくん》」というのは〝ダゴンの君〟のことであり、このダゴンまたはインドラの子が牛頭神バアルである。すなわち、後世（統一新羅の奈良時代）、牛頭神バアルが日本史のスサノオノ尊になったから、朝鮮で「檀君教」といっている宗教は、実はフェニキア人によって全世界に広げられた「ダゴン神＝バアル教」のことだったのである。

つまり、檀君朝鮮とはクニの名前ではなくて、檀君教を奉ずる韓民族が、インドを経由

して集団的に移動して来た歴史を総称したものであり、いわば「檀君朝鮮教団」とでもいうべき同一神（ダゴン神）を信奉する韓人グループの教団名であった。

やがて二世紀に、この檀君教（ダゴン教）が卑弥呼ら公孫氏の鬼道となり、扶余人らの邪馬壱国が東遷して近畿地方の秦王国（および伊勢国）と共存し、さらにインド伝来の熊野信仰とも融合して、倭国（四世紀の日本）の神道へと発展していったのである。

■奇子朝鮮が遼東に建国

約三千年前、イシン（殷の本国）の末期に、マガン（海の国）のカルデア人がウラルトゥ人と共にアッシリアと戦った。その結果、アッシリア王シャルマネサル二世の攻撃でイシン王国が滅んだため、番韓《ばんかん》のヤードゥ（濊《かい》族／ニギハヤヒ族）は、インドのマガン（ドーラ・ビーラ）に逃れ、潘族《はんぞく》のウラルトゥ（天孫族）は小アジア（トルコ）のヴァン湖周辺に退き、宛族《えんぞく》のシャキイ族は遠くオケオ港に逃れ、のちに宛《えん》（河南省南陽《ナンヤン》のユダヤ人経営の製鉄基地）の徐氏《じょし》（徐福の祖）となった。

このイシン王国が滅亡したとき、カルデア人は、アッシリア軍に捕らえられていたイシンの王族子叔箕賖《ししゅくきしゃ》（シンマシュシフ王）を奪い返し、はるばる航海して渤海湾に至り、遼東半島に上陸してその地にクニを建て、辰沄殷《しんういん》（辰の国＝殷の国の意）＝奇子《きし》朝鮮（子《し》叔箕賒《しゅくきしゃ》、すなわち偽史小説の『史記』を書いた漢人が記す「賢人箕子《きし》が建てた国」＝朝鮮人の国の意）と名付けた。

■ウラルトゥ王国（天孫族）の歴史始まる

紀元前一二八七年、ヒッタイト王国がカデシュ（カナーン）の戦でラメセス二世のエジプト軍に敗れたというのは史実ではなく、逆にヒッタイトが勝利した戦であった。だが、その後、王族同士の内紛でアナトリア高原のヒッタイト王国は滅亡した。しかし、人々は「海の国」に逃れてフェニキア人と混血し、潘族《はんぞく》となっていった。

この潘族がヴァン湖周辺に建てたのがウラルトゥ王国である。その流れをウガヤ王朝というが、前五八五年、ウラルトゥ王国は崩壊した。ウガヤ十代王アルカ（桓子）は、一族を率いて、キンメリ族（匈奴）と同盟して（シルクロードを東遷し）中国大陸に移動した。さらに、大月氏《だいげっし》族の助けを借りて華北に建てたクニが趙国（首都・邯鄲《かんたん》／別称大夫餘《だいふよ》）である。その直系末裔である扶余人＝百済人の流れは、以下のように日本の南朝系天皇家につながっている。

ウラルトゥ王国↓シルクロードのウガヤ王朝↓趙国（邯鄲／大夫餘）↓北扶余（前期王朝／農安）↓東扶余（迦葉原扶余／咸鏡道）↓伯済国（帯方郡）↓多羅国（熊本・咸安）↓伊都国（筑紫）↓邪馬壱国（九州・朝鮮）↓（統一新羅時代の）奈良朝廷↓（奈良時代の）百済王一族↓平安王朝（南朝系天皇家）

以上のように、中国史の真実は『史記』に書かれているようなこととは全く異なる。すなわち、これまで「中国史」とされていることのすべては、前漢時代の司馬遷作〝NHK大河ドラマ〟に比定されるような「神話劇」だったのである。

されば、梅原氏が「忘れられた長江文明」説の中で、「それは黄河文明王の、長江文明の王に対する二度の戦勝結果によるもの」として述べている仮説の根拠はすべて失われるわけで、梅原氏の「仮説」すべてが〝夢ものがたり〟であるということになる。

梅原史観と鹿島史学との相違点の対比については、以上でひとまず打ち切り、最後の章では、七世紀の大事件〝白村江《はくすきのえ》〟以後の「日本の歴史」について述べてみたい。〝白村江《はくすきのえ》〟の教訓が結局は生かされず、それは太平洋戦争の敗戦へとつながっていったからである。

第四章

白村江敗戦後の「日本国」の歴史

『記紀』の原作は、新羅が唐に提出した報告文書

日本の歴史というと、誰しもがまずは『記紀』を引用するが、この二つの書物の下敷きになったのは、養老四年（七二〇年）、奈良朝廷の修史官であった新羅皇子舎人親王《とねりしんのう》らが撰上した『日本紀』である。

その『日本紀』は、隋・唐の歴史に似せて、中国の道教世界（仙界）に伝わる「神話」から始められていた。このような神話から始められた歴史が「史実」であろうはずはない。すなわち、約一万二千年前からの縄文時代の歴史はもちろんのこと、約三千五百年前からの弥生時代に実在した先王朝（七福人の東表国《とうびょう》）および倭国（伊都国《いと》→安羅国《あら》→邪馬壱国《やまい》）の歴史、並びに前一世紀から古墳時代に至る六百年間の「天《あめ》ノ王朝」（旧伊勢国《いせ》→委奴国《いど》→東鯷国《とうてい》→秦王国《しんおうこく》→俀国《たい》）の歴史をすべて抹殺し、朝鮮の三国史を翻訳して『日本の歴史』に仕立てた。すなわち、有史以来、新羅天皇家が日本列島の支配者であったとする、神話から始まる架空の歴史を書き綴って、『日本紀』を創作したのである。

かくして、当時の倭国および秦王国の国土を征服・占領した新羅天皇家は、このような

偽史である『日本紀』を、自分たちの主人である世界帝国・唐への「占領地報告書」とした。その『日本紀』が、八世紀に作成された『記紀』の原本だったのである。

■統一新羅から奈良（新羅）朝廷へと変貌した〝日本の歴史〟

奈良朝廷が出来る直前の七世紀、中国（隋・唐）の帝国主義的領土拡張時代、天智二年（六六三年）の白村江《はくすきのえ》の戦いに続く朝鮮半島の覇権争いで、地方豪族たちの奮闘と、花郎《かろう》軍団（新羅上級貴族の十五歳と十六歳の子弟を花郎《ファラン》とし、その仲間にインド・グプタ王朝伝来の騎士団三千人が結集した精強軍団）の活躍などで、遂に新羅軍が勝利した。

そのため、六七六年、唐が朝鮮半島への干渉政策を全面的に放棄した。

かくして、ここに史上初めて朝鮮半島と日本列島を併せて支配する統一新羅が誕生し、唐と同じような諸制度を模倣する新羅帝国へと変貌していった。

六七二年、統一新羅の戦後処理ともいうべき、朝鮮・忠清南道の熊津城《ゆうしん》（公州市《コンジュ》）における百済軍との戦「壬申《じんしん》の乱《らん》」が起こり、日本においても、同年六月、新羅占領軍に対する秦王国の戦、いわゆる「近江・壬申の乱」が起こった。

『日本書紀』は、これを次のように記述している。

「弘文元年（六七二年）六月、壬申の乱が起こった。大海人皇子《おおあまのおうじ》が大友《おおともの》皇子（弘文《こうぶん》天皇二十五歳）を近江に亡ぼす。翌天武元年（六七三年）二月、大海人皇子が飛鳥浄御原《あすかきよみがはら》宮に即位して天武《てんむ》天皇となる」

また、『日本書紀』は、これより以前に、「皇極《こうぎょく》三年（六四四年）、中大兄《なかのおおえの》皇子が中臣《なかおみ》鎌足《かまたり》と共謀して蘇我氏打倒を計り、蘇我入鹿《そがのいるか》を殺した」という事件を記している。

だが実は、それは新羅で起こった「毗曇《ひどん》の乱」（新羅王族同士の内紛事件）の〝焼き直し〟であった。と同様に、『日本書紀』の三十八代天皇・天智（中大兄皇子）は、新羅僧（来日修史官）が捏造した〝合成人物〟であり、日本の天皇に即位したことも、近江朝廷を建てたこともないのである。

白村江の敗戦後、近江（大津）に亡命百済人《くだらじん》のゲットーがあって、唐の近畿総督代理をやらされていたかもしれないが、近江における「壬申の乱」とか、大友皇子が山中で首を吊ったというのは『日本書紀』修史官の筆先の作り事、すべて朝鮮史の翻案であった。

天武天皇のモデルは新羅皇帝の文武《ぶんぶ》王（武烈王金春秋《きんしゅんじゅう》の子）であり、一度も来日したことのない名目上の〝日本天皇〟である。

また、『日本書紀』に「壬申の乱で天武軍（花郎《かろう》軍団）を率いて戦った」とある草壁《くさかべ》皇子は、天武十年（六八一年）、いわゆる「大和朝廷」の東宮として立太子している。だが、実は新羅文武王（天武天皇のモデル・金法敏）の皇子であって、持統三年（六八九年）に没する時まで司政官として九州博多に駐在し、日本を支配していたものである。

以下、三省堂《さんせいどう》編修の「日本史年表」順に本当の史実を記すと――。

・朱鳥元年（六八六年）七月、天武天皇（新羅三十代文武王《ぶんぶ》）崩ず（六十五歳）。

・持統元年（六八七年）九月、新羅王子来朝とある。これは実は、草壁皇子が来日して司政官となったことを表し、公式には、天武皇后（文武王妃）が国史の持統天皇として即位したように見せかけたものである。

・持統三年（六八九年）、草壁皇子若年にて急死す（二十八歳）。

・持統四年（六九〇年）正月、『日本書紀』は「急遽、文武王妃が来日して持統天皇として即位し、高市皇子《たけちのみこ》を太政大臣とする」と記している。

・同年七月、倭国の太政大臣になった高市皇子《たけちのみこ》は、実は文武王《ぶんぶ》の子・金霜林《きんそうりん》（百済の熊津《ゆうしん》都督府《ととくふ》〔公州〕攻略軍の司令官）であったが、草壁皇子の代わりに急遽渡来した倭国（邪馬壱国）の司政官のことである。

これが『新唐書』の摠持《そうじ》であろう。このとき、宣化《せんか》天皇（実は大伴歌）の子孫の多治《たじ》比嶋《ひしま》が、倭国（邪馬壱国）の代表として右大臣となり、文武《もんむ》三年（六九九年）左大臣となった。したがってこの頃、植民地日本の支配権は新羅の司政官高市皇子（金霜林）とその下で行政を施行する安羅国（＝邪馬壱国）の王族・嶋によってなされていた。

・同年十一月、初めて元嘉《げんか》暦（旧い暦）と儀鳳《ぎほう》暦（新しい暦）を併用した。

・持統十年（六九六年）七月、高市皇子没す（四十三歳）。同年八月、柿本人麻呂、高市皇子の挽歌（熊津城における皇子・金霜林奮闘への哀悼歌）を作る。

・文武《もんむ》元年（六九七年）八月、持統天皇（天武皇后）譲位、文武《もんむ》天皇（草壁皇子の子・軽皇子十七歳）即位。『日本書紀』によれば、「天武天皇の子・高市皇子の突然の薨去に際して、他の新羅系諸皇子の間で皇嗣《こうし》の議を決しかねたとき、倭国王（諸侯）の葛野《かどの》王は敢然として議を献じ、『わが日本国は、神武天皇（扶余王・伊都国王・百済王）よりその子孫（＝邪馬壱国王→倭大王・新羅王）相承《う》けて天位を継ぐ。若し（これを）異母兄弟に相及ぼせば、即ち乱（是より）興らん。仰いで天の心を論ぜんに、いずくんぞ能く測ることを得ん。これを人事に推すに聖嗣《せいし》自《おの》ずから定まり、誰か敢えて間然《かんぜん》（干渉）せんや』と具申した。そこで、皇嗣は忽ち草壁皇子の御子・軽皇子《かるのおうじ》（文武《もんむ》天皇）に定まった」という。

日本国の成立と「奈良朝廷」

『日本書紀』には、持統八年（六九四年）十二月、藤原宮へ遷都とある。

『続《しょく》日本紀』の持統七年（六九三年）には「天皇難波宮に御幸《みゆき》す」とあるから、このとき、新羅占領軍の筑紫都督府は瀬戸内海を東遷して大宰府（福岡県）から難波の新羅城（大阪府）に遷り、さらに藤原宮へ遷都したものと考えられる。そしてこの直後、倭国（九州・琉球）と秦王国（本州その他）を合併して新しい「日本国」をつくった。

これが発展して奈良朝廷（奈良盆地の新羅朝廷）となったのである。

ソウルの碩学・李岦祐《りりゅうゆう》氏は、鹿島曻と『桓檀古記《かんだんこき》』（全訳書）について論議した時、「日本は新羅の別号なり」と断じている。すなわち、持統（天武妃）の本国・新羅の語源はボルネオ語（のちのフィリピン語〈現行〉）のシラヒースで、マニラ市にある〝ホテル・シラヒーズ〟の名でも判るように、「日出ずる所」という意味がある。すなわち、新羅も日本も〝同じ語源〟であった。実際に古代新羅人（フェニキア人と匈奴〈＝フン族〉の混血族)は倭人であったし、倭国改め日本国は「新羅・日本同盟国」というほどのものであったろう。

『旧唐書《くとうじょ》』に「日本もと小国、倭の地を併せり」とあるが、これは畿内（奈良大和《やまと》）のユダヤ王国＝『隋書』の秦王国（俀《たい》国・飛鳥王朝）が、九州および朝鮮などの倭国（安羅・伽耶・邪馬壱国）の地を併せたという意味なのである。

いわゆる「大和朝廷」なるものは『記紀』の創作にすぎず、このような偽史＝『記紀』を頑なに擁護しようとする学者たちの、全くの「幻想の王朝」であった。

持統八年（六九四年）十二月、新羅の浪速司令部が海岸の難波宮より内陸部の藤原宮へ遷都した。そして、九州の倭国（安羅国＋邪馬壱国）を近畿の秦王国（飛鳥王朝）と合併し、新しい国名を「日本国」と定めた。四十一代持統（天武未亡人）の名前は「統一を保持した」という意味の〝修史上の天皇名〟だったのであろう。

日本国の成立と藤原不比等の任官

こうして、新日本国の行政府となった藤原宮（新羅総督の新築御殿）へ、持統八年（六九四年）、藤原鎌足（新羅花郎軍団司令官・郭務悰《かくむそう》）の養子となった不比等（関東地方扶桑《ふそう》国・下総《しもうさ》の鹿島神宮から上京した中臣不比等改め、藤原不比等＝実は秦始皇帝の後裔・シメオン族々長）が三十六歳で昇殿し、内務官および修史官として任官した。

文武《もんむ》二年（六九八年）正月、義父・大織冠《だいしょくかん》（元帥位）中臣鎌足《かまたり》（郭務悰）の賜った藤原姓は、「彼の一族だけが継承すべし」との文武《もんむ》天皇（草壁皇子の子）の詔《みことのり》を受けて、不比等は諸豪族内における藤原氏一族の氏族的地位（優位性）を確立した。

文武四年（七〇〇年）六月、刑部《おさかべ》親王（日本総督）治下に、不比等ら「律令選定」に従う。

不比等は、大宝律令・養老律令を撰修して律令制を施行した。そのため、奈良朝廷は全国の倭人から定期的に貢物を徴収する新羅日本府となり、これを人々に「朝鮮人の宮廷」すなわち「奈良朝廷」と呼ばせたのである。

慶雲四年（七〇七年）六月、文武《もんむ》天皇崩ず（二十五歳。実は二十七歳で、『日本書紀』が誤って記録している）。

『日本書紀』はこのあと、第四十三代元明《げんめい》女帝（阿閇皇女）および第四十四代元正《げんしょう》女帝（氷高内親王）が即位しておのおの天皇になったとする。だが、この母娘《おやこ》は来日して即位せず、皇族名のまま過ごしており、実は〝架空の天皇名〟であった。

朝廷の内務官として権力を掌握した不比等は、これら新羅系の実力者・皇族親子に言葉巧みに進言して倭人系諸国の農民たちを強制労働に駆り立て、奈良盆地に平城京を造営するなど〝親唐政策〟を施行し、植民地「律令体制」の完成に尽力した。

和銅三年（七一〇年）三月、奈良（平城京）へ遷都。奈良盆地の遺跡＝東鯷《とうてい》国→秦《しん》王国→俀《たい》国（飛鳥王朝）の旧跡を享けて、新都・平城京に日本国の「奈良朝廷」が創始された。『記紀』はこれを架空の「大和朝廷の歴史」にすり替えて記録している。

養老年間（七一七年～七二三年）、不比等は、秦始皇帝のヘレニズム文化を移植する「唐の政策」を真似た養老律令を撰修・施行した。

同時に不比等は、本妻県犬養美千代《あがたいぬかいみちよ》の協力で娘（実は愛妻）の宮子を文武《もんむ》天皇夫人に、次女・安宿媛《あすかべひめ》（光明子）を聖武天皇の皇后に立てるなど、藤原氏興隆の基礎を築いていった。

不比等の「藤氏家伝」づくり

この間、不比等の「藤氏《とう》（唐氏《とう》）家伝」作りは着々と進められていた。

白村江敗戦後の動乱期を、同族中興のチャンスと捉えた不比等は、旧東表国王の中臣《なかおみ》姓（鹿島神宮宮司の義父名）からの改姓を思い立ち、唐・新羅占領軍の頂点に立つ大織冠・藤原鎌足（新羅花郎軍団元帥・郭務悰／レビ族大伴氏）に取り入って、旧秦王国諸豪族との仲介役を買って出た。こうした努力が成果を挙げて、シメオン族とガド族間の長年にわたる確執も解け、ユダヤ人同士の「古代南北朝の争い」を中止し、共に「唐・新羅軍政」に協力することとなった。

こうして、不比等とガド族の姫君宮子との結婚式には、大織冠・鎌足が仲人役を務め、不比等は鎌足の養子となって藤原姓を名乗る間柄となった。

かくして——。

藤原氏の偽系図作りのため、大織冠鎌足（花郎軍元帥郭務悰）の系譜にユダヤ系シメオン族である和珥氏《わにうじ》の壱岐史韓国《いきのふひとからくに》なる人物を介在させて藤原姓を名乗るようになった不比等は、持統八年（六九四年）十二月、藤原宮（新羅総督府）に昇殿した。

この頃、すでに不比等は中臣氏のもとで帝王教育を受けるとともに、ガド族系津守氏の女・宮子（六六四年〜七五四年）を愛妻として四男四女（表向きには五男四女）をもうけている。その彼が新羅の植民地である日本国の皇太子・軽皇子《かるのおうじ》（新羅三十代文武王の孫＝草壁皇子の子）の傅役《もりやく》を仰せつかったのはいつ頃のことであろうか。

当時の朝廷は第四十代天武天皇（新羅文武王・金法敏）の次男・刑部《おさかべ》親王が知太政《ちだじょう》官事（日本総督）となり、阿倍《あべ》・石上《いそのかみ》・大伴《おおとも》・巨勢《こせ》・多治比《たじひ》・藤原《ふじわら》などの諸氏が行政を担当し、政治的には安定した時代であった。

慶雲四年（七〇七年）六月、第四十二代文武《もんむ》天皇（軽皇子）が二十七歳（『日本書紀』が二十五歳としているのは誤り）で崩御。

和銅五年（七一二年）十二月、調庸の銭納を認める。

和銅六年（七一三年）、不比等は巧妙にも文武天皇の他《ほか》の配偶者から「嬪《ひん》」という称号を奪い、軽皇子の配偶者は宮子だけと定めた。

その翌年の和銅七年（七一四年）六月、首《おびと》皇子（フヒトをもじってオビトと呼ばせた子）

を正式な皇太子として立太子させた。

霊亀元年（七一五年）七月、知太政官事《ちだじょう》穂積親王没す。

養老四年（七二〇年）三月、太宰少弐・大伴旅人が官軍および花郎軍団を率いて出陣し、安羅国（大隈・日向・肥後など）の隼人族反乱を征討する。

この時の隼人族による〝植民地的支配〟への反乱で、日本に渡来していた公孫氏（遼東の燕《えん》王・イッサカル族）の安羅《あら》国（西都原《さいとばる》／邪馬壱国の首都）は滅亡したのである。爾来、放浪人に変貌した傀儡子《くぐつ》（インド伝来のジプシー族）のトービョウ伝承＝宇佐八幡宮（東表国《とうびょう》／七福人製鉄族および青銅族の古都）への奉納神事「放生会《ほうじょうえ》」に見る＝海人族・細男舞《せいのうまい》の始まりとなった（鈴鹿千代乃著『神道民俗芸能の源流』国書刊行会〔古代九州の東表国トービョウ伝承不明のまま〜「傀儡子《くぐつ》舞い」＝西山村光寿斉師の「筑紫舞」としている研究本〕参照）。

同じく養老四年（七二〇年）の八月、藤原不比等死す（六十二歳）。

天武天皇（新羅文武王）の第三王子である舎人親王は、養老三年（七一九年）に東宮首皇子の輔翼を命ぜられ、『日本紀』を撰上（奏上）し、右大臣・藤原不比等の没後、知太政官事となった。これは日本総督のような役割で、相当な実権を持ったことは確かだが、自ら即位はしなかったので、実は、慶雲四年（七〇七年）から養老七年（七二三年）までの十六年間は、天皇がいない空位時代だったのである。

神亀元年（七二四年）二月、聖武天皇（首皇太子《おびと》）即位・改元。藤原宇合（うまかい／式家の頭領）が東国（常陸など）の蝦夷（エゾ／先住民）を征討する。

神亀二年（七二五年）九月、（仏教を志すもの）三千人を選んで出家入道させ、天下の災害・異変を除かせる。

天平元年（七二九年）二月、藤原氏一族は、新羅王族の知太政官事・長屋王（高市皇子の子・五十四歳）の失脚（自決）によって、不比等の娘・光明子を聖武天皇（首皇子）の皇后として冊立することに成功した。だが、この時から藤原氏と諸氏族との勢力争いが激しくなった。

その間、僻地《へきち》の鎮守府に駐屯する陸奥守《むつのかみ》を歴任して勢力を蓄えた百済王敬福《くだらのこにきしきょうふく》（実は朝鮮から来た扶余・ウガヤ王朝の後裔王）が光明皇后に取り入って結ばれると、やがて大仏建立の折に、陸奥国から大仏塗金用の黄金を献上して一躍名を挙げた。

天平感宝元年（七四九年）二月、陸奥国より黄金を献上したとして、『日本書紀』に〝突如として〟登場してくる百済王氏《くだらのこにきしうじ》とは何者であろうか。かつて「日本史のタブー」に挑んだ鹿島昇も、『倭と日本建国史』の中で試行錯誤を繰り返し、未解明のままとなっている。

だが、実は彼らも、「歴史の波」に翻弄された亡命者一族であった――。

話はさかのぼって、持統年間の白村江の戦後、一人九州に留まっていた百済王族がいた。百済第三十一代義慈王（在位六四一年〜六六〇年）の子・善光（禅広）は、朝廷より号を賜って百済王氏《くだらのこにきしうじ》と称した。その子の昌成《しょうせい》が早死にしたのち、その夫人が昌成の弟と再婚して産んだ子に良虞《ろうぐ》（郎虞）がいて、「奈良朝廷の従四位下、大学守《だいがくのかみ》・摂津亮《せっつのすけ》・禅広の孫」といわれていた。すなわち、法王・道鏡によって創られた〝天智天皇の孫〟という施基《しき》皇子のモデルは、この良虞のことであった。そして、その良虞（施基皇子のモデル）の三男が百済王敬福《くだらのこにきしきょうふく》（六九一年〜七六六年）であり、扶余王＝ウガヤ王朝系・物部弓削守屋《もののべのゆげもりや》の子孫である。

こうして、鹿島昇が自著『倭と日本建国史』（新国民社版）の中で、第十五章「百済人道鏡の南朝革命」として解説しながら、当時の資料のみに頼る論文で〝試行錯誤〟を続けていた「道鏡系天皇家の謎」が遂に解明されたという次第である。

　これらのことが不明のため、従来の歴史家や作家は、勝手気ままなフイクション（例えば黒岩重吾著『弓削道鏡』上・下／文春文庫）などを発表しているが、このような専門化面をしてデタラメを書く偽史文化の風潮は、一日も早く改めるべきであろう。

　さて、百済王敬福《くだらのこにきしきょうふく》は、先妻である第一夫人との間に男子三人（文鏡、武鏡、玄鏡）と女子二人をもうけている。また別に、第一夫人は、敬福の弟・理伯との間に道鏡を産んでいるが、敬福は自分の子と思っているので、表向きは男子四人ということになっている。

　聖武天皇の表向き皇后であった光明子は、三歳年上の陸奥守（実は百済王）敬福と結ばれて三人の皇女を産んでいるが、いずれも聖武天皇の子ではなく、百済王敬福《くだらのこにきしきょうふく》の子である。

・長女（七一八年生まれ）高野姫《こうやひめ》こと阿倍《あべ》内親王は、のちの孝謙天皇・称徳天皇となった。

・次女（七二二年生まれ）和新笠《やまとのにいがさ》内親王は、（妹の）高野新笠《こうやにいがさ》と称された。

・三女（七二四年生まれ）井上《いのえ》内親王は、のちの井上《いのえ》天皇となった（ただし皇統譜にはない)。

こうして藤原氏は、「天皇位」をも志向する新興勢力となったのであるが、宮内庁の「皇室典範」にも載っていない経緯をもう一度考察してみよう。

藤原氏が「天皇家」になった経緯

不比等(シメオン族・土師氏)と宮子(ガド族・津守氏)の家系が「藤氏《とうし》(＝唐氏)家伝」の藤原氏一族となって〝日本貴族の主流〟となり、やがて南朝系天皇家となっていった経緯《いきさつ》は次のとおりである。

・長男・武智麻呂(むちまろ／六八一年〜七三七年)は藤原南家を立てた。
・次男・房前(ふささき／六八一年〜七三七年／実は鎌足と海女の子・養子)は藤原北家を立てた。
・長女・長娥子(ながこ／六八二年〜)は新羅王子の長屋王妃となった。
・三男・宇合(うまかい／六八八年〜七三九年)は藤原式家を立てた。

・四男・麻呂（まろ／六九四年〜七三七年）は藤原京家を立てた。
・次女・安宿媛（あすかべのひめ／六九四年〜七六〇年）は光明子《こうみょうこ》と名乗り、七歳年下の弟・聖武天皇の皇后となった（光明皇后）。
・三女・吉日媛（きちじつのひめ／六九六年〜）は橘 諸兄《たちばなもろえ》の妻となった。
・四女・殿刀自（とのとじ／六九六年〜）は大伴古慈斐《おおともこしび》の妻となった。
・五男・首（おびと／七〇一年〜七五六年）は幼少より文武天皇（軽皇子）と宮子の間の子として育てられ、和銅七年（七一四年）東宮として立太子した。

先述のように、首《おびと》皇子は神亀元年（七二四年）二月、ついに第四十五代聖武《しょうむ》天皇として即位した。聖武天皇の治世はこの時から七四八年まで続くが、その在位の二十四年間、朝廷の実権は、皇后光明子（聖武より七歳年上の姉）が握っていたのである。

かくして、不比等と宮子の五男である首《おびと》皇子は聖武天皇となり、その夫人となった次女の光明子は権勢比類なき〝光明皇后〟となった。

神亀五年（七二八年）正月、渤海使高斉徳ら朝貢する。

天平元年（七二九年）二月、左大臣長屋王、謀反の密告で自決（五十四歳）。

同二年（七三〇年）四月、皇后宮職に施薬院《せやくいん》を置く。

同五年（七三三年）四月、遣唐使多治比広成が出発した。

同七年（七三五年）十一月、知太政官《ちだじょう》事舎人親王没す（六十歳）。

天平九年（七三七年）、天然痘が流行し、藤原不比等の四子が相次いで死亡した（武智《むち》麻呂五十八歳、房前《ふささき》五十七歳、宇合《うまかい》四十四歳、麻呂四十三歳）。

天平十年（七三八年）正月、橘諸兄《もろえ》が朝廷の首班となって時局を収拾した。

続いて、唐からの帰朝者、玄昉《げんぼう》・吉備真備《きびのまきび》が一時権勢を奮ったが、これに対抗心を燃やした太宰少弐藤原広嗣《ひろつぐ》（式家頭領）は、天平十二年（七四〇年）九～十月、九州で反乱を起こした。聖武の朝廷はこれを鎮圧したものの、近畿地方の恭仁《くに》宮・紫香楽《しがらき》宮・難波《なにわ》宮へと転々と行宮《あんぐう》（皇居）を遷し、天平十七年（七四五年）、ようやく平城京に遷都した。その間、聖武天皇は姉・光明子の操り人形であった。

天平十三年（七四一年）三月、国分寺・国分尼寺建立の詔《みことのり》。

天平十五年（七四三年）十月、盧遮那《るしゃな》大仏建立の詔などの国家的仏教興隆政策がとられた。これは、たび重なる政争や天災飢饉に悩まされた時代の空気を一新しようという、聖武朝廷（光明皇后）の人気取り政策であったが、国家財政をますます肥大化させて「人民の辛苦」の種をまく結果となった。

■孝謙天皇の時代

天平勝宝四年（七五二年）四月、東大寺大仏開眼供養会《だいぶつかいげんくようえ》と進む過程で、天平感宝元年（七四九年）七月、聖武天皇の譲位により、孝謙天皇（光明子と敬福の皇女）が即位した。

藤原仲麻呂（南家の頭領）は、光明皇太后の紫微中台《しびちゅうだい》（実力者の館）の長官として勢いをふるい、朝廷の権力を一身に集めた。

天平勝宝六年（七五四年）七月、皇太后宮子崩ず（九十歳）。

同八年（七五六年）五月、聖武上皇崩ず（五十六歳）。このころ、光明皇太后は東大寺正倉院に聖武天皇の遺品（ユダヤ十部族がシルクロード経由で運んできた、世界史にも珍しい古代中近東の宝物）を納めている。

天平宝字元年（七五七年）正月、橘諸兄《たちばなもろえ》死す（七十四歳）。

『日本書紀』は、「同年七月、諸兄の子・橘奈良麻呂を首謀者とする大伴・佐伯・多治比などの失意の貴族たちが反乱を起こして、仲麻呂を除こうとした」と記している。

だが、実際の橘奈良麻呂の乱は、親新羅派の皇族たちが、百済系の光明子政権に対するクーデターを計画していたのを、奈良麻呂のスパイ活動によってフレームアップしたものである。すなわち、先の内裏《だいり》（代理）天皇こと百済王敬福《きょうふく》（当時六十六歳）および大炊《おおい》王の兄・船王《ふねのおおきみ》らの〝後ろ楯〟を得た藤原仲麻呂政権側は、新羅系の黄文王・道祖《ふなど》王（金泰廉）に続いて、親新羅派の高官だった大伴古麻呂《こまろ》・多治比牡養《うしかい》・小野東人《あずまひと》・賀茂角足《かものつのたり》らを捕らえて拷問し、杖で打ち殺し、死刑または流刑に処した。

こうしておいて、仲麻呂は、天平宝字二年（七五八年）八月、自分の私邸に育った大炊《おおい》王（舎人親王の子）を第四十七代淳仁《じゅんにん》天皇として即位させた。そして、自らは太政大臣に相当する大保《たいほ》の地位に就いて恵美押勝《えみおしかつ》と名乗り、太政官をその一党で固めて専制権力を確立した。

かくして、在日新羅系の貴族勢力およびそのシンパは一掃され、百済王敬福（先の光仁）と光明皇太后夫婦の娘・孝謙天皇の政権は安泰の度を増し、日本（藤原政権）の独立路線が明確に打ち出されていったのである。

天平宝字四年（七六〇年）正月、恵美押勝が大師《たいし》となり、官名を新羅流から唐風に改める。六月、光明皇太后崩ず（六十歳）。

天平宝字五年（七六一年）十月、孝謙上皇が近江保良宮《ほらのみや》に行幸の折、僧・道鏡が孝謙上皇に接近した（高野媛《こうやひめ》〔十九歳〕と道鏡〔十八歳〕の若年当時の二人の愛が再燃した）。

同六年（七六二年）五月、「天皇と上皇不和」とあるが、実は道鏡の再登場により、「上皇と押勝の間が不和」となったのであろう。そのため、上皇は平城京に還幸後、「大事親決」（大事なことは私が決める）という詔を勅している。

天平宝字八年（七六四年）九月、恵美押勝（仲麻呂・五十九歳）は孝謙上皇と道鏡のコンビを除こうとして兵を起こしたが、失敗して近江の琵琶湖畔に誅される。上皇は淳仁（天皇）を廃して淡路島に流し、自らは重祚《ちょうそ》して第四十八代称徳天皇となった。

■称徳天皇の時代

天平神護元年（七六五年）十月、配所において淳仁帝崩ず（三十三歳）。道鏡は太政大臣禅師となる。

同二年（七六六年）、百済王敬福（先の光仁・内裏天皇）崩ず。「薨伝」には六十九歳とあるが、実は七十六歳であった。すでに太政大臣禅師に任ぜられていた道鏡は、十月に法王に任ぜられ、供御《くご》（飲食物）は天皇に準ずるという史上空前の最高位に昇った。

神護景雲元年（七六七年）三月、法王宮職を置く。これより、道鏡系天皇家は、南朝革命（百済政権の復活）のため、秦氏の協力を得て『記紀』の作製（実は改竄）に力を入れ、百済王、すなわち「国史」の光仁天皇、桓武天皇たちが即位できるように工夫した。

道鏡系天皇家の「歴史偽造」

「道鏡の工夫」とは歴史を改竄することであり、それは天武天皇（新羅文武《ぶんぶ》王）の意を戴した舎人親王版の『日本紀』を基にして為されたものであろう。

統一新羅の歴史偽造命令は当然のことながら、その支配下に入った秦王国と倭国（邪馬壱国と安羅国）の歴史抹殺を主な内容とした。新羅は東表国（日本旧国史の第一王朝）、のちの分国「金官加羅」から分裂して出来た国家だから、そのことをも隠して、新羅と金官加羅を同時代の建国とする必要を感じたのであろう。すなわち、戦勝国新羅は、邪馬壱国＋安羅国という国家を再建させないために、元来そういう国家は存在しなかった、もしくは百済の従属国であったとして、日本列島の歴史を偽造する必要に迫られたのである。

『古事記』「序文」の〝歌詞〟を要約すると、戦勝した新羅が「新羅史」を適当に書き直して、金官加羅＝「駕洛史」をそれに合わせた。さらに、百済と倭国の『旧辞』を掠奪し、とりあえず稗田阿礼《ひえだのあれ》に暗誦させて、そのあと『本辞』を焚書したというように解される。『古事記』が記す伊波礼吡古《イワレヒコ》天皇《すめらみこと》とは神武のこと、品陀和気《ほんだわけの》天皇《すめらみこと》は応神のこと、大雀《おおさざきの》命天皇《みこのすめらみこと》は仁徳女帝のこと、小治田大宮《おはりだのみや》は推古女帝のことである。一品《いっぽん》（世子）舎人親王の発案は、金官加羅国と新羅の王が三韓と倭国を統一して統治する神聖な皇帝であり、その下に百済王の天皇がいた、そして安羅王は、皇帝または天皇に仕える一諸侯であったとしていた、と思われる。

　和銅七年（七一四年）『続日本紀』の条に、「二月、従六位朝臣清人、正八位下三宅藤麻呂に詔して国史を撰ばせた」とある。その内容は、金官加羅と新羅の両『帝紀』および百済三書、安羅史料などを基にして、金官加羅王と新羅王が皇帝に、百済王が天皇になり、安羅王が諸侯になっていた、というものである。養老四年（七二〇年）四月の条は、これより先、一品舎人親王勅を奉じて『日本紀』を修す。ここに至り、功成り奏上すという。これが『養老日本紀』である。

　この『日本紀』においては、金官加羅初期の王をもって天皇として、孝昭→孝安→孝霊→孝元→開化という名称を与え、さらに、新羅の武烈王（金春秋）と文武王（金春秋の子・

金法敏）を天智と天武にして、舎人親王版『日本紀』を編纂した。

このようにして、歴史書の中では、統一新羅以降、新羅王をもって創造した国家＝日本の「天皇」としたのであるが、このときは、天皇が「天《あま》（海の彼方・朝鮮）の大王《おうきみ》」、倭大王が「倭地の王」という考えで、臣下たちも一応納得したのであろう。

天平十年（七三八年）、橘諸兄《たちばなもろえ》右大臣となり、ほぼ現行の『古事記』を作り『養老日本紀』を『日本書』と改名する。このとき、大伴氏の祖・大物主命（ダビデ王→ソロモン王）のイスラエル・ユダヤ神話を追加した。

天平宝字四年（七六〇年）、藤原仲麻呂太政大臣となり、『藤氏（唐氏）家伝』によって朝鮮史の英雄＝金庾信《きんゆしん》と郭務悰《かくむそう》をモデルにした藤原鎌足という人物を合成し、それによって『日本書』の改竄を計画する。

天平宝字八年（七六四年）、恵美押勝（藤原仲麻呂）反乱して近江に敗死す。

天平神護元年（七六五年）、道鏡太政禅師大臣となる。

■道鏡が法王となって改竄した『記紀』の内容

道鏡が『日本書紀』を改竄したことは、吾郷清彦解『秀真伝《ほつまつたえ》』の生島問答《いくしまもんどう》に書いてある。

『秀真政伝記』に、以下のような問答がある。

「(『日本書紀』の)陰を以って陽を云うは、これ如何に」——その答えに曰《いわ》く、「『記紀』改竄の跡歴然たり」と。而して剣玉(男と女の性器のこと)の誓いを以って女皇(アマテラス・称徳天皇)は素尊(スサノオノ命・法王道鏡)と密通し、その子を以って猶子《ゆうし》となし、表(『記紀』)に顕すなり。道鏡はこの先例を以って天下を奪わんと欲す。神官・大加茂赤坂彦これを嘆き、しばしば諫言すれども女帝聴き入れ給わず、遂にこれ(道鏡の策)を用い給う。故に、赤坂彦は和仁邑において自害し亡《う》せぬ……。

天照大神(アマテル)が男子であることは、『秀真伝』その他の文献によっても明らかである。すなわち、『九鬼文書《くかみもんじょ》』には「天照大神はスサノオの子」とあり、『宮下文書』では「天照とスサノオは別系」となっている。正しくは、神統上のスサノオ命はバアル神のことであり、天照大神は潘《はん》族のウラルトゥ王アマテルのことである。

ちなみに、学者が天照大神を、アマテラスオオミカミと読ませるのは、幕末の国学者本居宣長が神がかりとなって〝勝手につけた呼び名〟であって、正しくない。正しくは、本稿のふりがなのように、古代からの呼称は「アマテルの大神《かみ》」であった。

法王道鏡が自分の子を称徳天皇の猶子《ゆうし》にさせ、やがては天皇にしようと考え、その先例として天照を女神にしてスサノオと関係したとし、スサノオの子を天照の養子にしたのは、当時の文化水準からは決しておかしいとはいえない。

天武天皇（統一新羅の皇帝）の焚書命令以降、この国の歴史書というものは『日本紀』のみとなっていたから、道鏡の歴史創作にしても、それが女帝の名によって行われる限り反論の余地はない。史書の所有者は天皇ただ一人であり、国民には何のかかわりもなかったから、天皇教の教祖たる天皇が改竄すれば、それが正しい教義書になる。奈良時代の国教は新羅仏教の流れを汲んだ〝護国仏教〟となっていたが、天皇家と藤原氏のプライベートな信仰は天皇教であった。日本はダブル・スタンダードな国家だったのである。

さて、神話を変えるためには、その源流から変えねばならない。かくして、道鏡は大胆にも「ウガヤ王朝史の改竄」から着手した。その内容は、以下のとおりである。

1．シルクロード伝来のウガヤ王朝史（中国〜趙国＋扶余国史）を神話時代とするため、

ウガヤ王朝五十一代の歴史を縮めて、初代ウガヤフキアエズ尊（前八世紀のウラルトゥ王）を神武（紀元三世紀の扶余王）の父とし、加えて、博多湾に上陸して伊都国を建てた年を、東表国（エビス王朝）の創建年代にあやかって、約千年近く（八八〇年）も溯《さかのぼ》らせ、辛酉《しんゆう》の年（かのととり）、前六六〇年とした。

2. 次に、出雲の「大国主命の国譲り」神話を神武時代の出来事（神話）のように改作した。すなわち、高句麗（北倭）軍を率いた神倭《かむやまと》イワレヒコ（神武）と公孫氏（海人族）の連合軍が、鳥栖と吉野ヶ里にあったユダヤ人（秦始皇帝の後裔／シメオン族・レビ族・ルベン族ら）のクニ委奴国《いどこく》を亡ぼし、その王・大国主命（シメオン族の族長）を射殺した紀元三世紀の歴史を改竄して、「大国主命の国譲り」という童話のような縄文神話にしてしまった。そのため、スサノオノ尊の出雲神話に出てくる大国主命と、委奴国王の秦人系（シメオン族長の）大国主命が混同されるようになった。このような「日本旧国史」への認識不足は、出雲大社をはじめ三輪神社その他にまで及んでいる。

3. こうして秦人系・大国主命の委奴国は滅亡し、敗れたシメオン族の土師《はじし》氏らは博多湾・志賀島から船出して出雲（大社）に逃れ、先住していた猿田彦らのガド族およびイッサカル族を駆逐して、旧い大社（六本柱の神殿）を悉く破壊した。それに替わって、土師《はじ》氏らは新しい大社（四本柱の神殿）を建て、その祭神をシメオン族の族長、故大国主命とし、あわせて全国の八百万《やおよろず》の神々（ユダヤ十部族の神々および倭王たちの氏神）を祀った。これらの歴史が白村江以後不明となり、加えて、現在の出雲大社神官の系譜は東表国エブス王の子孫から委奴国王の系譜に変わり、さらに徳川時代、現在の系譜（行橋市出身の方か）に変わっているため、本当の歴史は全然判らなくされている。遺されたのは、物言わぬ〝旧大社の柱株〟のみというわけだ。

4.

『記紀』の二十九代欽明《きんめい》天皇のモデルは百済の三十四代東城《とうせい》王であるが、天武修史（舎人親王版）の『日本紀』（七二〇年）には、天皇として歴代の新羅王が書かれていた。それがのちに、百済王家の子孫の道鏡によって〝百済王を天皇とする〟『記紀』に書きかえられた。しかも、この改竄には時間が足りなかったため、史書の内容をそのままにして、天皇の名前だけ書き換えるという〝急ぎ働き〟であった。道鏡が百済王の子孫として皇位を奪うには、それだけで充分だったからである。

その際、公孫氏の子孫である亡命・安羅王族の大伴氏の協力を得るため、「神武紀」

にイッサカル族の神話を加えたうえ、武烈天皇（暴虐な天皇というのは後世の作為）を殺して、クーデターによって倭国の政権を奪った安羅王の一族、大伴談→大伴金村→大伴歌を、継体→安閑→宣化という三代の天皇に仕立てた。

だから、『記紀』は歴史の書ではなく、天武王朝では新羅王家の者だけ、道鏡以後は百済王家の者だけが天皇になるための一種の詐術だったのである。

さて、前著『失われた大和のユダヤ王国』で明らかにしたように、現存する「仏教伝来」の最も旧い原史料は元興寺《がんごうじ》（飛鳥寺）丈六《じょうろく》光銘文であるが、その光銘（書写）文を精確に読みくだしてみたところ、「捏造の日本史」の原点がここにあったことが判明した。

『広辞苑』の法隆寺の項をひも解くと、「六〇七年、聖徳太子の開基創建と伝える。六七〇年に焼失し、八世紀の初めまでに漸次再建した、とあり、別名を斑鳩寺としている。また、法興寺は飛鳥寺の別称ともあって、五九六年、蘇我馬子が創建した日本最初の本格的寺院であり、法興寺ともいい、七一八年（養老二年）、平城京に移して元興寺と称して後は、本元興寺とも呼ばれた」と、なんともよく判らないような解説をしている。

『日本書紀』編纂時の八世紀に、為政者が公式に採用した「仏教伝来」の時期は、欽明十三年（五五二年）渡来説であった。だが、実際には、日本旧国（俀《たい》国）に「百済仏教」が伝えられたのは古墳時代の五三八年である。

また、『興福寺略年代記』に、「聖徳太子が六一三年に法隆寺を造った」とあるが、これは僧侶の意識的な誤記であり、法隆寺＝斑鳩宮説も再検討されるべきである。

『紀』には、「入鹿が六六九年に斑鳩宮を焼いた」とあるが、実際には、「斑鳩宮」とされている建物は落雷によって焼失した。また、最初の「法隆寺」は六七二年四月三日に落雷で焼けている。したがって、斑鳩宮＝法隆寺とする『紀』の記録は信用できないということになる。

中原氏の調査によると、ここが上宮聖徳が建立した法隆寺の跡（現在は浄徳寺が建っている）

『隋書』俀《たい》国伝に記されている「俀国天子・阿毎多利思北弧《あめたりしほこ》の孫・東漢氏《やまとのあやし》の上宮聖徳《かみつみやしょうとく》が建てた原法隆寺」は、現在の法隆寺から東南約五キロメートルの所にあったが、それは百済の法隆寺を模して建てたような小さなお堂であった。奈良県大和川の支流である飛鳥川と寺川に挟まれた場所で、現在は磯城《しき》郡《ぐん》川西町の唐院にある「鳥の山古墳」の西側付近、江戸時代に建てられた浄徳寺の側辺りと思われる。したがって、『広辞苑』の記事は信用できず、上宮聖徳《かみつみやしょうとく》の替え玉であった「聖徳太子説話」はすべて作り事ということになる。

そこで、念のため、『紀』の「神典」人名と、『元興寺伽藍縁起ならびに流記《るき》資材帳』の人名を比較してみると、今まで国史で教えられてきた「歴史上の重要人物」の名が全く異なっていることに気づいた。――だとすれば、従来の「日本国史」は全く信用できないということになって、飛鳥王朝から奈良時代にかけての歴史、および「仏教伝来」以後流行しだした僧侶の「念仏説教」話もことごとく信用できないということになるわけだ。

ちなみに、双方の人名を対比すれば次のようになる。

『紀』の神典人名		「元興寺」光銘文の人名
天国排開広庭尊《あめくにおしひらきひろにわのみこと》（敷島宮《しきしまのみや》）欽明天皇	＝	阿毎多利思北弧《あめたりしほこ》（俀《たい》国天子）の父親
橘《たちばなの》　豊日尊《とよひのみこと》（夷波禮濱邊宮《いはれのはまなべのみや》）用明天皇	＝	阿毎多利思北弧（俀国天子）の長男
豊御食炊屋姫《とよみけかしきやひめ》（桜井等由羅宮《さくらいのとゆらのみや》）推古天皇	＝	阿毎多利思北弧（俀国天子）の息女

厩戸豊耳皇子《うまやどのゆたかみみおうじ》（上宮《うえみや》太子）聖徳太子（百済二十七代威徳王・昌の変身名）＝上宮聖徳法王《かみつみやしょうとくほうおう》・豊耳総太子《ゆたかなみみのさとときたいし》（阿毎多利思北弧の孫）／藤ノ木古墳の被葬者

穴穂部間人皇女《あなほべのはしひとのひめみこ》（替え玉名）＝鬼前大后《おにさきのふとしきさき》（聖徳法王の生母）

膳大刀自《かしわでのおおとうじ》（替え玉名）＝干食王后《かんしょくのひめみこ》（上宮聖徳と心中した王妃）

蘇我稲目→馬子→蝦夷（入鹿）＝巷哥伊奈米《そがいなめ》（大臣）→有明子《うまこ》→善徳《ぜんとく》

※ここに見える巷哥《そが》（蘇我）有明子大臣《うまこおおおみ》の長男善徳《ぜんとく》こそ、俀《たい》国の「元興寺《がんごうじ》」を建てた頭領（棟梁〔宮大工〕の長官）であった。すなわち、わが国古墳時代に実在した俀国・秦王国の歴史を抹殺して、その代わりに偽史＝『記紀』が作られたのである。

このようにして、着々と道鏡系天皇家の系譜作りは進行していった。

ユダヤ・シメオンの族長であった不比等の娘・光明子と、ウガヤ王朝の百済王・敬福の「内縁関係」を豪族たちに公認させるため、まず敬福を先の内裏天皇として朝廷の政務を裁量させ、敬福が七十六歳（当時としては高齢）で死亡したあとには、その第一夫人との間の長男・文鏡を、後の光仁・内裏天皇とし、称徳朝廷を支えた。

神護景雲二年（七六八年）二月、筑前怡土城《いとじょう》（新羅使の迎賓館）が完成。上皇・法王ともに筑紫に行幸して築城の完成を祝う。

同三年（七六九年）九月、和気清麻呂が宇佐八幡宮へ使いして「神託」を受ける。その報告を嫌った道鏡は、清麻呂を大隈半島に流す。

宝亀元年（七七〇年）八月、称徳天皇崩ず（五十三歳）。『日本書紀』は、「同年十月白壁王即位・改元」と記す。だが実際には、井上内親王《いのえ》（光明皇后と百済王敬福の三女）が天皇として即位したのが史実である。

井上天皇即位、続いて光仁天皇即位

宝亀元年（七七〇年）八月、井上天皇即位・改元。他戸親王《おさど》立太子。

平城京の井上朝廷《いのえ》は法王・道鏡を下野《しもつけ》の薬師寺別当《べっとう》におとし、他戸親王《おさど》（百済王敬福《きょうふく》の次男武鏡《ぶきょう》の子）を皇太子とし、白壁王《しらかべ》（敬福の長男文鏡《ぶんきょう》こと世幸男）を表向きの光仁天皇とした。実は、先《さき》の光仁（父の敬福）の例に倣って、後《のち》の光仁（その長男文鏡）を内裏《だいり》（宮廷）内の天皇職として、公務をこなす〝女帝後見役〟とした。

また、これより先、白壁王・文鏡と井上《いのえ》内親王との間に東宮候補の早良《さわら》親王が生まれていたが、このときはまだ幼かったのであろう。

前章でも触れたように、光明皇后と百済王敬福が夫婦となり、三人の姉妹が生まれた。その姉妹と、百済王敬福の先妻の子どもたち三人の兄弟が結ばれて、おのおのカップルとなった。その「兄弟三人と姉妹三人のカップル」が天皇位をめぐって争い、はからずも同族間の紛争の火種となった。それを藤原四家が二派に分かれて盛り立て、諸豪族もそれぞれの利害によって応援したから、ここに藤原氏の内紛は全国的規模のものとなり、「南北両王朝」の対立に発展したのである。

当時の歴史が非常に判りにくくなっているのは、このような皇族同士の内紛をひた隠しにしようとした桓武天皇の焚書によるものである。

後世、そのことを北畠親房（南北朝時代の武将）の『神皇正統記《じんのうしょうとうき》』は暴露しており、それはまた、水戸藩主（副将軍）徳川光圀の「前期水戸学」によって、幕末尊皇攘夷論の思想的バックボーンとなった。

桓武天皇と早良天皇の「二王朝」の対立

宝亀四年（七七三年）正月、山部親王（高野媛《こうやひめ》十九歳と道鏡十八歳が結ばれて誕生した皇子。鹿島昇の『倭と日本建国史』にいう道鏡系天皇）が立太子した。この時、藤原式家の雄田麻呂《おだまろ》（広嗣の弟・百川《ももかわ》）の活躍により、白壁王（文鏡）こと後の光仁・内裏天皇をむりやり納得させて山部親王（のちの桓武天皇）が立太子したのである。

そのため、平城京内において先の（宝亀元年八月立太子の）東宮・他戸《おさど》親王と併せて、二人の皇太子が並立することになった。

すなわち、孝謙天皇（高野姫）をめぐる仲麻呂と道鏡の確執が発展して、仲麻呂の子・刷雄《よしお》らの「南家」と、道鏡の子・山部を擁立する百川らの「式家」の対立となり、これがやがて奈良時代から平安時代にかけての古代南北朝の争いとなった。

宝亀六年（七七五年）四月、井上《いのえ》天皇（五十二歳）と他戸《おさど》皇太子がともに崩御。これはおそらく、藤原氏の内紛（南家と式家の対立）に巻き込まれ、暗殺されたものと思われる。

同年十月、白壁王が正式に即位して光仁天皇となった。

宝亀十年（七七九年）七月、式家の頭領・藤原百川没す（四十八歳）。『帝王編年記』に「百川頓死」とあるが、実際には「落雷による頓死」だったようである。

宝亀十一年（七八〇年）三月、陸奥国伊治郡の大領（長官）呰麻呂《あざまろ》が律令制に対する不満から叛いた。エゾ地の農民だった徒衆を率いて、按察使《あぜち》参議・従四位下・紀朝臣広純《きのあそんひろずみ》を伊治城（宮城県多賀城市市川の多賀城）において殺した。

天応元年（七八一年）一月、国史には「光仁譲位し桓武天皇即位して天応と改元する。八月エゾ平定。十二月光仁上皇崩御（七十三歳）」とある。

国史では、山部皇太子が即位して桓武天皇となり、皇弟・早良《さわら》親王が立太子したようになっているが、実はこのとき、

①称徳天皇（高野姫）と道鏡（百済王）の子・山部皇太子は桓武天皇として平城京に《南朝系天皇家》を建て、

②井上《いのえ》天皇（高野姫の妹）と光仁天皇（百済王・文鏡）の子・早良《さわら》親王は早良天皇として長岡京に《北朝系天皇家》を建てたものと考えられる。

すなわち、日本古代南北朝の対立抗争（藤原氏の内紛）の本格化であった。

延暦三年（七八四年）十一月、長岡京に遷都。延暦四年（七八五年）九月、藤原種継（百

川の後継・式家の統領）暗殺に端を発して（南朝側の挑発に乗って北朝側が暴発したものか）北朝側の朝廷樹立の陰謀（？）が発覚して大騒動となった。桓武天皇は平城京から急遽駆けつけ、北朝側の関係者をことごとく処罰し、早良《さわら》天皇は廃帝とされて淡路へ流される途中の船中で憤激して食を断ち、没した。そのため、早良天皇は死後に崇道《すどう》天皇と諡《おくりな》されている。

かくして、日本の「南朝系天皇家」が誕生した。だがそれは、父方も母方もともに長い伝統を引く血統の末裔であり、貴族集団のエリートとでも呼ぶべき人々であった。

ちなみに、桓武の「桓《かん》」とは、韓（朝鮮）および漢（中国）を表し、「武」とは革命（すべてを革める）を顕している。すなわち、その名前は、東アジアに新王朝を創始した天皇（天子）という意味だったのである。

〝白村江の教訓〟を忘れた「太平洋戦争」の失敗

時は移り、幕末・孝明天皇の御代となって、長州藩と薩摩藩は、〝神頼み攘夷論〟を主張した孝明天皇の言うがままに、外国艦隊相手に攘夷を実行したが、事敗れたため天皇暗殺に踏み切った（前著『二人で一人の明治天皇』参照）。ご利益《りやく》がない天皇はいらないということであったか。

明治維新ののち、権力を握った岩倉具視や伊藤博文たちは、自らの「北朝系天皇暗殺」を隠すため、華族制度と共に歴史学の抹殺を企てるに至った。そして、憲法に「天皇は神聖である」として歴史学を破壊し、ただの新興宗教でしかない国家神道を日本古来のものの如く装い、それを維持するための暴力組織を作り上げ、内にあっては弾圧と専制、外に向けては侵略と破壊という帝国主義国家を確立していったのである。

明治天皇は、即位後、侵略戦争によって英米から資源の供給をしてもらい、表向きはご利益を示して天皇家の基盤を樹立したため、諸外国の皇族方から「明治大帝」ともてはやされるようになった。

一方、政府の指導者たちは天皇の意思にかかわりなく独り歩きを始め、やがてアラヒトガミ信仰によって、戦争するのは軍人の勝手であり、天皇が神聖である以上、日本の戦いは侵略戦争といえどもすべて聖戦であり、その勝利を保証するのは天皇である、という不思議な国体観をつくった。いいかえれば、戦いに勝つことによってもろもろの矛盾を隠し、天皇神聖の証明がなされてきたという次第である。

その明治天皇を崇拝したのが、第百二十四代昭和天皇であった。

そもそも昭和天皇は、即位の時点で明治体制の行き詰まりを悟り、直ちに帝国主義路線の廃止を考えなければならなかったのだ。

このとき、そういう知恵が浮かばなかったのは、明治新政府以後の歴史学の抹殺によって、七〜八世紀の〝白村江の教訓〟が忘却されていたためである。さらに悪いことには、明治初年の「廃仏毀釈」政策によってナチズムみたいな右翼神官集団が誕生したため、かつての良識的な宗教改革の教訓が忘れ去られていた。「日本は神国」だから、戦争になれば「神風が吹く」と、誰しもが本気で信じるようになっていたのだ。世界の人々から見れば、その頃の日本人は「アラヒト神（今上天皇）を崇拝する狂信的な奴隷集団」と映っていた。

しかし、帝国主義路線の変更は非凡な才能を必要としたから、「転んでも自分では起きない」という凡人の天皇にはとてもできなかった。昭和天皇は、石油を持たない日本の国力をも計らず、英米が定めた帝国主義の縄張りを不満として、あえて両国を敵に廻した。このような天皇を「お気の毒だ」という人もいるけれど、「お気の毒」なのは天皇ではなくて国民ではないか。

敗戦後の天皇は、昭和二十六年（一九五一年）秋、講和条約後の退位を決意し、時の首相吉田茂に制止されて退位を断念した。

この頃、木戸幸一はA級戦犯として巣鴨にいたが、かつての秘書官であった松平康昌を呼んで、「敗戦の責任をとって、天皇に退位されるよう進言せよ」と言っている。しかし、敗戦まで一貫して木戸の言うとおりに動いていた天皇は、時の総理大臣吉田茂の反対にあって退位の意志を捨ててしまった。木戸は、案に相違して天皇が退位を拒絶したことに立腹し、獄中で烈火のごとく怒ったという。孝明天皇を殺した功労者の桂小五郎（木戸孝允）の孫だった木戸幸一も、獄中にあって、ついに天皇に「使い捨て」にされたのである。

■米フリーメーソンの日本占領支配

おそらく吉田茂は、天皇退位反対に際し、「利用できる者は徹底的に利用しろ。弱みがある人間は利用できる」というフリーメーソンの指示に従って、アメリカの利益のために反対したのであろう。また、皇太子妃の決定に当たっても、木戸が民間出身の美智子様に賛成したのに対して、吉田は強い難色を示したが、のちに吉田の孫の麻生信子は三笠宮寛仁親王妃になっているから、吉田一族の言行は利害によってコロッと変わったのである。

フリーメーソンには、自分がコントロールできる弱みのある権力者、意志の弱い臆病な統治者によってその国を支配すべしという憲章があるという。しからば、フリーメーソンに支持されたといっても、決して自慢にはならない。自民党のヒーロー吉田茂も、実はフリーメーソンの地位に安住した無能な政治家であったものか。

今にして思えば、彼の功績とされるものの多くは国民の努力に帰すべきものであり、その他はほとんどがまぐれ当たりであった。宮沢首相もフリーメーソンの忠実なメンバーであり、現民主党政権の鳩山首相の祖父・鳩山一郎もフリーメーソンの有力メンバーだったことはよく知られている。


さて、戦後、天皇は元首から象徴へとはっきり憲法上の地位が変わったのに、昭和天皇そのものは同一人物であったため、本人はもとより、政府、国民ともけじめがつかなかった。そもそも、一人の人間が戦前、戦中における好戦的な絶対君主の役割と、戦後における平和を追求する象徴天皇の役割を演じ分けるのは、ほとんど不可能ではないだろうか。そんなことができれば、それは普通の人間でなく、忍者か宇宙人ではないか。

戦後の日本は日米安保条約の保護下におかれ、奇跡的な経済発展の道を辿った。その間、アメリカ占領軍の軍事基地はそのまま据え置かれ、今なおその問題は国民の上に重くのしかかっている。北方領土の返還問題および北朝鮮による拉致問題も未解決のままで、お先真っ暗な状態である。韓国との交流は改善されているが、中国との関係は、良きにつけ悪しきにつけ次第に深くなり、規模がいよいよ拡大されてきた。これからの日中関係はどう展開していくのだろうか。日本の運命を占う上で心配である。

人類は、過去何世紀もかけて試行錯誤を繰り返した上に、最近ようやく国連や国際会議などでも地球環境の健全化などが叫ばれるようになった。

いわく——

(1)核のない平和な世界を目指そう
(2)地球環境を本来の自然に復元しよう
(3)人種差別をなくし、宗教の壁を取り払って、テロをなくそう
(4)貧富の差を少なくし、国境なき健全社会を目指そう
(5)世界中の諸々の文化交流を盛んにしよう

(6)スポーツを盛んにし、オリンピック憲章を充実しよう
(7)世界中の交通網を安全にして、スピードアップしよう
(8)宇宙進出への道を模索しよう

これらのどれ一つとっても実現に向けては難しい課題をはらんでいるが、来たるべき新生「地球世界」の中で、日本民族はどのようなクニを目指すべきであろうか。

例えば、本書の内容のような〝真実の古代史遺跡〟を地球人類共通の「世界遺産」として整備し、各国語のガイドブックを付して公開する態勢を整える。そうしておいて、照葉樹林帯の中の日本列島全体を、自然色豊かで温泉に恵まれた「一大観光地」に仕上げることも一案であろう。

おわりに

本稿のような本当の「歴史」は、天皇家や宮内庁の書庫にはきちんと記録・保管されているはずだ。このことに関しては、これまで鹿島昇や進歩的な考古学者も指摘しているが、最近ようやく天皇家周辺からも真相が語られるようになった。

昭和三十四年（一九五九年）四月、第二次岸信介内閣のとき、皇室の長い歴史としては初めて皇太子妃を民間から迎えることとなり、明仁親王は正田美智子さんと結婚された。

正田美智子さんの母方の実家が鍋島藩（佐賀県）の上士の出であり、筆者の実母ユミの実家・加藤家（福岡市・市会議員）とも交流があったと聞かされていたので、多少贔屓《ひいき》目もあり、その盛大な結婚式パレードのことはよく覚えている。

平成十三年（二〇〇一年）十二月二十三日、人皇第百二十五代平成天皇（明仁親王）は、ご自身の誕生日を前にした記者会見で、皇室と朝鮮とのつながりについて、日本の天皇として初めて踏み込んだ発言をなされた。その経緯はマス・メディアにも公表され、筆者も前著に詳しく述べているが、巷間、これらのご発言の陰には、美智子皇后のアドバイスがあったという囁きも聞こえてくる。

美智子皇后も、宮中ではお姑さんのため大変な苦労をされながらも、天皇家の歴史を深く研究され、世界史の中での皇室の未来像を認識されたと伺っている。

平成天皇は意識しておられたかどうかは判らないが、皇后を民間から選んだことは、結果として北朝系公卿たちの介入を制止することになった。また、その皇太子（徳仁親王）も同じく民間から妃を選ばれた。

このように、天皇家の民主化と新生は着実に進んでいるのである。

このことは、本来、明治新政府のはじめから行うべきことであったが、岩倉具視と伊藤博文たちの妨害によりできなかった。天皇家の民主化は国家のためには悦ぶべきことであるが、今なおこれを納得しない人々も多く、宮内庁もそうした人々の影響を受けるという。だが、それでも宮内庁は、常に国民の目が天皇家に注がれていることを忘れてはならない。

明治維新の本命である「南朝革命」によって新しい天皇制が樹立され、北朝人（近衛家など）の皇族や堂上華族などは無用の長物となった。この無用の長物が、明治、大正、昭和の三代にわたって天皇制を破損し続け、機能させなかったのである。その罪は大きい。

宮内庁は、このことの自覚の上に立って仕事をしなければならない。

平成二十二年（二〇一〇年）、世界的な寒波と大不況の最中、政権交代となった日本は、戦後最大の変革の時代を迎えようとしている。このような中で展開される外交面での象徴、天皇家の果たす役割は大変大きいと言わねばなるまい。われわれ、新「鹿島史学」研究グループも、聡明にして決断力に富んだ〝美智子皇后のご活躍〟を心から念ずるものである。

故・鹿島曻の意志を引き継いで、日本の歴史を解明するため、これまで「天皇家の歴史」を糾明してきたが、それもようやく、われわれなりに全容を明らかにし得たと自負している。

そうして判ったことは、天皇家の秘事を隠すのではなく、明らかにするほうが、良識ある国民に理解されやすい、ということであった。本稿を〝敲《たた》き台〟にして、本当の日本の歴史を明らかにするために、今後は宮内庁が率先して公開する努力を開始してほしいものである。現実には、それはかなり難しいように思われるが、皇室のご理解を得て宮内庁が率先すれば、案外容易に道が開かれていくものと思う。

それは、日本国民の未来（幸福・しあわせ）につながる道となるであろう。

されば、地下冥土の先学「鹿島史学」諸先輩も安らかに眠りにつくことができるのではないか。

かく念じて、拙《つたな》い筆を擱《お》く次第である。

＜著者紹介＞

松重　楊江（まつしげ　ようこう）

大正14年、山口県柳井市生まれ。元柳井市議会議員。

現在、㈱松重の会長職の傍ら、歴史研究家として活動。

柳井地区日韓親善協会副会長。柳井ライオンズクラブ会員。

鹿島曻氏の生前には氏との親交も深く、共著にて『歴史捏造の歴史２』『明治維新の生贄』を著す。その他、『日本史のタブーに挑んだ男』『教科書には絶対書かれない古代史の真相』『失われた大和のユダヤ王国』など、著書多数。

日本神話と古代史の真実

2010年４月12日　初版第１刷発行

著　者　松重 楊江
発行者　韮澤 潤一郎
発行所　株式会社 たま出版
〒160-0004 東京都新宿区四谷4－28－20
☎ 03-5369-3051（代表）
FAX 03-5369-3052
http://tamabook.com
振替　00130-5-94804

印刷所　図書印刷株式会社

ISBN978-4-8127-0304-5　C0021